幸福とは何か

思考実験で学ぶ倫理学入門

森村進 Morimura Susumu

★──ちくまプリマー新書

308

目次 ＊ Contents

序章　本書は何をめざし、何をめざさないか

青山さんと井上さん

読者の皆さんは次の二つの例の青山さんと井上さんを幸福だと思うでしょうか？

〈騙《だま》されている実業家〉　青山さんは成功して引退した大金持ちの実業家である。彼は今でも財界に隠然たる勢力を持つ一方で、自分が関心を持っている文化事業を気前よく支援している。こうして彼はその財力のために親類縁者や知人や部下たちからいつも機嫌を取られ大切に扱われているが、実は彼らはみな蔭《かげ》では青山さんの見苦しい振る舞いや俗悪な趣味や自己満足の態度を心の底から軽蔑し嘲笑し合っている。しかし青山さんはそのことを知らず、自分はたくさんの人々に愛され尊敬されている幸せ者だと信じ切っている。

〈大望ある数学者〉　井上さんは少壮気鋭の数学者である。彼女は才能と研究環境に恵

まれて、学界で高く評価される業績をすでにいくつも残している。また彼女はその人柄と仕事をよく理解し評価してくれる家族と同僚に囲まれているし、健康にも財産にも足りないところは何もない。だが井上さんは自分を幸福だとは全然感じておらず、逆に無力感に打ちひしがれている。それは彼女の最大の欲求が、整数論の分野で未解決のある重要問題を解決することであるのに、何年間もの熱心な研究にもかかわらず、これまで試みてきたアプローチが行き詰ってしまったからだ。彼女はその問題を結局解決できなかったら──残念ながらそうなりそうなのだが──自分の一生は失敗だと考えている。

青山さんや井上さんが幸福か不幸か、それは幸福についての考え方によって違います。しかし「その答えは判断する人によって違うのが当然で、この問題に正解はない」と言い切れるでしょうか? たとえば「かりに青山さんが自分は幸福だと思いこんでいるとしても、それは間違いだ。彼は自分の置かれた状態を全く誤解しているからだ。それと同じように、井上さんの自己評価も間違いだ。彼女は実際には十分幸福なのに、自分の状態を悲観的に見すぎている」と言いたくなる人は多いでしょう。もしこの見方が正当だとすると、「幸福とは何か」という問いには正解があることになります。それに**唯一**の正解は存在しなくても、答えの中には明らかに不合理で採用できないものがありそうです。では何が正解なのか、それを検討することが本書のテーマです。（さらに言えば、この問いについて万人の同意を得られる解答や客観的な正解がないとしても、あなたの答えが何であるかを明確にすることには意味があるでしょう。）

人生論ではない「幸福の哲学」

ただしここで最初に注意しておかなければなりませんが、本書はこの問題を理論的に検討する「幸福の哲学」の入門書のつもりです。多くの人生論的幸福論のように、「どうすれば幸福になれるのか」という生き方の手引きを与えようとするものではありません。どのような生活習慣や心の持ち方や人間関係が人を幸福にするのか、それについては昔からの自己修養書や今日《こんにち》のポジティヴ心理学に至るまでたくさんの本が書かれています。さらに哲学者も含めて、世の中には年をとると――人によってはまだ若くても――自分一人の体験から得た教訓を、あたかも人生の普遍的な真理であるかのように信じて若者に教えを垂れる人が少なくありません。そのような説教の中には有益なものもありますから、時にはありがたく耳を傾けるのも無益ではないでしょう。

しかしそれらは「幸福とは何か」という問題への答えがすでに共有されているかのような前提のもとで書かれているのが普通です。ですが実際には幸福とはそれほど簡単に説明できる観念ではありません。

私が今言いたいことは、例をあげるとわかりやすくなるでしょう。

〈非理論的な読み巧者〉 植田さんは鑑識眼のある読書家である。彼が文学作品の長所や欠点を指摘すると、ほとんどの人はその見解から得るところがある。彼がある小説の生き生きとした人物描写を称賛したり、物語の不自然さを非難したりすると、人はなぜ自分もそれに気づかなかったのだろうと不思議に思いながら、納得せざるをえない。しかし植田さんはどのような作品を高く評価するのかと尋ねられると、「面白い本が好きだ」としか答えられない。それではどんな本が面白いのかと聞かれると、彼は「ある本が面白いかどうかは読めばわかるが、本の面白さとは何かは説明できない」と言う。

植田さんについてどんなことを言えるとしても、彼を理論家として高く評価することはできません。同じようなことは、美術作品や自然の風景の美しさや食べ物の旨《うま》さや会話の楽しさなどについても容易に想像できるでしょう。私たちは個々の実例の中にこれらの性質を感ずることができますが、それらの実例が何を共通に持っているかを述べることは難しいのです。

幸福の場合もそれと同様です。多くの人々は、自分や他の人々がどの程度幸福あるいは不幸であるか、またどのような人生が幸福かについて、それなりに自信をもって判断を下せますが、だからといって自分が「幸福」という観念で何を意味しているかは説明できないかもしれません。別の言い方をすれば、何が幸福な生の実例であるかは示せても、幸福という概念を端的に過不足なく解明することは難しいのです。私が本書でその概略を伝えようとする「幸福の哲学」とは、この後者の問題に取り組むものです。

幸福の哲学史

「幸福とは何か?」という問題は、古今東西を問わず人間生活においてとても重要な問題であるだけでなく、哲学の中でも昔から重要な問題でした。それは前述の人生論的な問題と結びついて論じられることも多かったのですが、プラトン、アリストテレスといった古代ギリシアの哲学者や、ジェレミー・ベンサム、ジョン・スチュアート・ミルといった近代イギリスの功利主義者は、それをかなり一般的な形で理論立てて論じました。

ところがどういうわけか、二十世紀になると哲学者の大部分はこの問題に注意を払わなくなり、結果としてそれを心理学や経済学の分野に譲り渡すことになりました。「どうしたら幸福に生きられるか?」といった、人生論的・処世訓的な幸福論はたくさん書かれてきましたが、幸福の具体的・個別的な内容ではなく、「そもそも幸福とは何を意味するのか」について大部分の人が共有している考えを明らかにするという、言ってみれば幸福の「概念分析」がなされなかったのです。

しかしその状況は二十世紀の終わりころから変わってきました。最近四十年間近く、英語圏の哲学ではこの問題が活発に論じられています。そこでの議論は、イギリスの哲学者デレク・パーフィットが『理由と人格』(一九八四年)で行った分類法に従って、「快楽説 Hedonism」「欲求実現説 Desire Fulfillment Theory」「客観的リスト説 Objective List Theory」という三つの陣営に分けられるのが常です。

「快楽説」とは、幸福とは何らかの快い心理状態のことだとする説で、昔から有力に唱えられてきました。「欲求実現説」とは、本人の望んでいる事態が実現すること自体が幸福だとするもので、二十世紀にはこの見解が暗黙のうちに通説化していました。「客観的リスト説」とは、本人の信念や欲求とは独立に、健康とか豊かな人間関係とか理性といった、幸福を構成する客観的な要素が複数あるという説で、これも快楽説と対立して昔から提唱者を持ってきました。

これら三説の中にもさまざまのヴァージョンがあり、折衷的な見解もあります。また諸説を「主観説」と「客観説」に二分したり、あるいは四つ以上に分類したりする人もいます。私もこの三説に分けるのが唯一可能な分類だとは言いませんが、説明のためにはそれが一番便利だと思うので、本書でもこの分類を採用します。

本書の流れ

本書の構成についてここで簡単に説明しましょう。最初の三つの章は以上の三説をそれぞれ検討し、次の第4章はこれらの説を組み合わせた折衷的な見解をいくつか紹介します。最後の第5章では角度を変えて、幸福と時間との関係に関するいくつかの問題を考察しますが、その際それらの説は各問題にそれぞれ異なった解答を与える傾向があります。本書の叙述の多くはそれ以前の議論を前提としていますから、どうか読者の皆さんは最初はこの順序で読んで下さい。

ところで私の知る限り、本書で紹介する最近のこれらの議論をわかりやすく紹介した日本語の本はまだ存在しません。日本の哲学者、特に倫理学者の中にはこういった議論を前提として幸福について論じている人もいくらかいますが、その人たちは仲間の哲学者たちに向けて書いているので、現在の理論状況をわざわざ説明しなくても読者がすでに知っていると想定していることが多いようです。

本書は前記の三説の平明な紹介を通じて「幸福の哲学」という哲学分野について説明しようという試みですが、同時に若い読者にとって哲学的議論への入門も果たそうという目的を持っています。

倫理学に人生経験は必要か？

アリストテレスの『ニコマコス倫理学』（第一巻第三章）以来、倫理学は人生経験を積んだ大人にならないと学べないとよく言われます。確かにそういう面もあります。たとえば理性的に割り切りにくいだけでなく社会や個人による相違も大きい、親しい人間関係についての倫理学などはそうでしょう。しかし現代の哲学的幸福論は論理学や数学のように「人生経験不要」な学問の方にむしろ近いのではないかと私は思っています。というのは、この分野で多くの論者があげる幸福な生・不幸な生の例の構成要素はかなり単純で、快楽・苦痛と、健康・病気、目的の達成・挫折、認識・無知といった、ほとんどの人々にとって身近なさまざまの経験と状態くらいしかないからです。それならば、まだ若い読者でも十分実感できるでしょう。

用語法について

ここで用語法について、あらかじめいくらか無味乾燥な前置きをしておかなければなりません。私がこれまで「幸福」と呼んできたものは、今日の哲学文献ではむしろ「ウェルビーイング（福利）well-being」という名で呼ばれることが多くなっています。あるいはもっと長々しく、「ある者の生を一番うまく行かせるもの what makes someone's life go best」と言ったりすることもあります。また経済学者は同じ観念を「効用・功利 utility」の名の下に語るのが普通です。そして「幸福 happiness」という言葉は、快楽説でいう快い心理的状態だけを指すために使われる傾向があります。つまり「幸福」と「快楽 pleasure」がほとんど同義語として使われるようになってきたのです。

しかし私は本書ではその用語法に従わず、「幸福」も「ウェルビーイング（福利）」も「効用」も同じ意味で使うことにします。というのは、英語はともかく、日本語に関する私自身の語感からすると、これらの表現の間にいくらかニュアンスの違いがあることは否定できないにせよ、共通する部分の方がはるかに多いので、微細な相違にこだわるよりも重要な理論的問題に関心を集中したいからです。またその方が、「幸福」と「福利」とを区別していなかった古典的著作を取り上げやすくなるでしょう。

最後に、日本語では「幸福」という名詞に対応して「幸福だ」という形容動詞が使えますが、「福利」や「効用」にはそれらに対応する便利な表現が存在しない――英語では"well-being"という名詞に対応して"well-off"とか"better-off"といった形容詞がありますが――という、文章表現上の事情も無視できません。(従って、本書で「幸福」と呼ぶものは現代の英語の文献なら"well-being"と呼ばれることになるでしょう。)

幸福とは本人にとってそれ自体で善いもの

では私はこれらの言葉が共通に持っている意味を何だと考えているのか? 次にそれを説明しなければなりません。「ウェルビーイング」でも「幸福」でも「効用」でも構いませんが、これらの言葉が指す観念は、すべてごく抽象的には、(1)手段としてではなく、目的自体として善いものである、（2）非人格的に善いのではなく、当の本人にとって善いものである、という二つの性質を持っていると理解できるでしょう。

第一に、幸福やウェルビーイングは、それ自体が目的です。金銭と比較してみましょう。金銭は多くの場合、その持ち主の福利を向上させるために大変役に立つものです。しかも個々の商品やサービスといった、使い道が特定されている財と違って、金銭ははるかに汎用《はんよう》性のある財です。金銭があればどんなものでも手に入るわけではありませんが、市場に出ているものは——しばしば、市場に出ていないものでも——お金で買えます。しかし金銭は道具的な善であって、内在的な善ではありません。つまり金銭の価値は、本人が欲しがっている商品を買えるとか、老後の生活の安心を得られるとか、治療によって病気から回復できるといった手段としての価値であって、それ自体が目的なのではありません。この点、健康とか教養とか友愛といったものは、何かのための道具としてだけではなく、それ自体として価値がある、と主張してもさほど奇妙に聞こえないのとは性質が違います。

第二に、幸福は必ずその本人にとって個人的に善いものであって、非人格的な善ではありません。たとえば宇宙の中で誰も見ることができない美しい光景は、もしかしたら価値があると言えるかもしれませんが、観察者がいないので、誰の幸福にも関係しません。また地球の生態系に価値があるとした場合、それは人間の諸個人および動物の諸個体にとって善いものである限り幸福に寄与しますが、「生態系それ自体の絶対的な価値」というものは幸福とは無関係です。同じようにして、財の公正な分配が行われているとか、善人と悪人がそれぞれにふさわしい報いを受けているという事態は、もしそれが人々の福利の向上とは独立に望ましいものだと考えられるならば、「非人格的」な意味でしか善いと言えません。「正義」はしばしばそのような非人格的な価値だと考えられています。その一方、ある状態があらゆる人々の福利を向上させるならば、それは非人格的に善いのではなくて、あらゆる人にとって個人的に善いことなのです。たとえば平和や経済的繁栄は公共の利益になりますが、そこでいう「公共の利益」とは、諸個人から独立して存在する「社会」なるものの利益ではなくて、社会を構成する具体的な人々の個人的利益の総体です。

なお幸福がこの意味で誰かにとっての個人的な善だということは、幸福とは「絶対的」でない「相対的」な善だ、というふうにも表現できるかもしれません。しかし「ある人が幸福だ」という事態が、その本人だけでなく誰にとっても否定できないものであるならば、その意味では幸福は相対的でない絶対的な性質ですから、「絶対的・相対的」という表現は避けることにします。

元に戻ると、目的自体としての善、特定の個人本人にとっての善、というこの二つの特徴は、快楽説、欲求実現説、客観的リスト説のいずれにも共通する、幸福の概念のごく一般的な性質です。前記の三つの説は、この特徴を満たす幸福概念をさらに解明しようとする試みにほかなりません。

最後に、本書では「善（悪）」を「善い（悪い）という性質」という意味ではなく、このような「特定の個人にとって善いもの・こと（悪いもの・こと）」という意味で使うことにします。従って「善」とは、幸福を増大させる、ある程度具体化された事物や状態を意味することになります。

本書の二つの目的

本書を書くにあたっての私の一つの目的は、「幸福とは何か」について唱えられてきたさまざまの哲学的な主張と議論を検討することによって、読者の皆さんがいくらかでも不合理な信念を捨てて妥当な見解に近づき、実際に幸福（それが何であれ）を実現してもらいたい、ということです。しかしその目的はどちらかというと二次的なものです。

というのは、第一に、幸福に関する前記のどの説をとっても具体的なケースについて幸福の程度の評価は大差ないということが多いからです。快楽説、欲求実現説、客観的リスト説のいずれをとっても、健康で経済的にも不安がなく自分の仕事を楽しんでいる人はかなり幸福だと判断されるでしょうし、病苦に打ちのめされて精神が混乱しているような人はその反対でしょう。哲学者はこれらの説の間の相違に関心を向けますが、実践的帰結の点ではこれらの説は同じ帰結に至ることが多いかもしれません。

第二に、「幸福とは何かを知る」ということと「幸福になる」ということは別の事柄であって、幸福という概念の理解にある程度成功したからといって幸福になれるとは限らないし、またその問題自体に全然関心を持たなくても現に幸福であるということは可能です。それどころか、自分の幸福を最大化しようと意識して努力するとかえってそれに成功せず、むしろ別の目的を持っている方が幸福になりやすいということは、「幸福のパラドックス（逆説）」という名の下に多くの著作家がつとに指摘しているところです。私自身、この数年間幸福やウェルビーイングの哲学を研究してきましたが、そのために自分が以前よりも特に幸福になったという気はしません。

おそらく本書は「幸福とは何か」に関するいくつかの見方が有害無益であると示すことでいくらかの実践的な手引きを与えるでしょうが、それを越えて読者のみなさんを積極的に幸福にすることにまではめざましく貢献できないかもしれません。

しかし本書にはもう一つ別の目的があります。それは幸福・ウェルビーイングに関する今日の哲学の議論を紹介することによって、哲学的な議論とはどのようなものなのかを読者に実感してもらい、できれば進んで議論に参加してもらいたい、というものです。

そもそも哲学とはどのような学問であるか、またあるべきかについてはさまざまな考え方があり、ここではそれらを一つ一つ検討することはできませんが、少なくとも私が考えている哲学とは、何か普通の人には理解できない言葉を使って深刻で高尚《こうしょう》そうなことを言うというものではなくて、いかなる問題についてもその根本的な前提（それはしばしば意識さえされていない）にさかのぼって明晰《めいせき》な議論を行うというものです。この意味での哲学は多くの場合、
（1）自分の考えをその論拠を含めてなるべく明確化する。
（2）それに対してなされている、あるいは可能な批判や疑問に応答する。
（3）他の見解との異同を探り、得失を考え、できれば自説を修正する。
という段階を繰り返して実践されます。（ここで法哲学者である私の我田引水になることを恐れずにつけ加えて言うと、法学の思考もこの手続を取ることが多い。）

そしてそのような哲学の議論はたくさんありますが、その多くはあまりにも専門的な予備知識を必要としたり、あるいはごく一部の人の関心しかひかないものだったりします。その点、今日の幸福・ウェルビーイングの哲学は誰にとっても興味を持てる対象を取り扱っていますし、その議論も、少なくとも入門の段階では特別の予備知識を必要としません。さらに、大部分の人は幸福とは何か、また何がそれを構成するかについて、たとえ自覚はしていないとしても何らかの見解を持っているでしょうから、材料不足のために思考が空転するということも少ないでしょう。だから本書は哲学的思考の入門書としての役割を果たすことも目的としています。私は本書によって哲学的思考の面白さを実感する人が少しでも増えてくれることを期待しています。

文献について

幸福に関する哲学的な議論は特に近年急増しているため、この本で紹介したものはそのうちごく一部の代表的なもの、よく知られているものにとどまります。本書を読んでこの問題に関心を持ってもらえた読者は、さらに巻末の「文献案内」にあげた著作に進んでもらえれば幸いです。そこでは本文に引用した著作に関するもっと詳しいデータも示しておきました。

この分野における日本語の著作はまだ乏しいので、その文献の一部は英語ですが、好学の読者の方にはできればこの機会に英語の哲学書に親しまれることをお勧めします。少なくとも私が文献案内にあげた英語の書物はじっくり読めば理解可能で、そこに読者をはねつけるような不必要な難解さはないはずです。

それでは、さっそく本論にはいりましょう。

第1章

快楽説——幸福とは快い心理的状態のことだ

快楽説とは何か

幸福の性質について古くから唱えられてきた最も単純明快な考え方は快楽説です。まさにその単純明快さのために、この説を最初に検討するのがよいでしょう。

快楽説は「すべての快楽が、そしてそれだけが、本人にとっての善である。またすべての苦痛が、そしてそれだけが、本人にとっての悪である」という主張として理解できます。快楽説によると、人がどれだけ幸福であるかは、その人がどれだけの快楽（もっと正確には、快楽引く苦痛）を経験しているかで決まることになります。快楽と苦痛以外のあらゆる事物・状態が個人にとって価値を持つのは、それらが快楽と苦痛をもたらすからに他なりません。

なお本章の後半で見るように、そもそも「快楽・苦痛」とは何であるかも問題ですが、ここではとりあえず「快い・不快な心理的状態」として理解しておきましょう。（本書の用語法と違いますが、今日《こんにち》の哲学の文献では「幸福 happiness」という言葉でそのような心理的状態だけを意味することが多い、ということはすでに序章で述べました。）

素朴な説得力——快楽説の長所（1）

まず快楽説を擁護してあげられる論拠のうち、重要なものを三つ見てみます。

快楽説の魅力は何よりも、一見してとても説得力があるということです。病気やけがが苦痛を与えるために悪いということ、食べ物のおいしさや大願成就の歓喜などさまざまの感覚的・心理的な喜びが善いということ――これは誰でも賛成できる判断であって、よほどひねくれた人でもなければあえて否定しないでしょう。むろん快楽の中には将来有害な影響をもたらすものがありますし（たとえば喫煙の快楽）、ある種の苦痛は生活にとって必要悪と言えますが（たとえば人は苦痛がなければ身体や健康の異常になかなか気づかないかもしれません）、それらの快楽や苦痛も、それがもたらす影響とは独立に快楽あるいは苦痛それ自体として見れば、幸福を増大あるいは減少させていると考えられます。

さらに快楽説によると、本人の幸福に対するそれらの影響も、最終的には快楽と苦痛だけによって評価されます。幸福は結局のところ快楽と苦痛だけに依存しているというのです。このことは、「個々人にとって内在的な価値（それ自体としての価値）があるものは、自分の快楽だけだ」と表現することもできます。

快楽説のこの論拠はどのくらい説得力があるでしょうか？　「快楽はそれ自体として善いものだ」ということは認めても、「**快楽だけ**が善いもので、それ以外のあらゆるものは快楽をもたらす手段として善いにすぎない」という主張には賛成できない人も多いでしょう。

判断の明確さ——快楽説の長所（2）

快楽説のもう一つの長所は、この説によるとある人がどの程度幸福かが、少なくとも本人にとってたやすく判断できるということです。ある人がどのような快楽と苦痛を感じているかは、ほとんどの場合本人が正確に知ることができるでしょう。「自分は右手が痛いと思っているのだが、本当は痛くないのだ」などということは考えられません（かりにその人がすでに事故で右手を失っているとしても、その幻肢《げんし》の痛みは現実に感じられているのです）。

これに対して欲求実現説をとると、欲求が現在あるいは将来実現されるのかどうかわからない場合、幸福度の判断は難しくなります。また客観的リスト説をとると、そのリストに含まれる諸項目にいかなる重みを与えるかによって、幸福度の判断が大きく異なってきます。

ただし快楽説のこの長所がどれほど重要かは、それ自体が問題です。「自然科学とは違って、幸福度の判断などというものにあまり明確さや厳密さを求めるべきではない」という考え方もあります。「明確さや厳密さといった性質を重視するあまり、幸福という観念が本当に重要である原因を見失ってはならない」と言われるかもしれません。幸福の重要さのそのような原因としてしばしばあげられるのが、次に検討する心理的な動機づけの力です。

人間行動の心理学的説明——快楽説の長所（3）

快楽説の論拠の三番目として、快楽説は現実の人々の心理と行動を正しく説明していると主張されることもあります。よく知られているように、功利主義とは「最大多数の最大幸福」を道徳の究極的目標とする思想のことですが、古典的な功利主義者たちは幸福を快楽と同一視し、その同一視の根拠として、人々が現実に快楽を求めているという事実をあげました。

たとえば功利主義の理論的な創始者であるジェレミー・ベンサムは、『道徳および立法の諸原理序説』（一七八〇年）の第一章を次のように書き出しました。

自然は人類を苦痛と快楽という、二人の主権者の支配のもとに置いてきた。われわれが何をしなければならないかということを指示し、またわれわれが何をするであろうかということを決定するのは、ただ苦痛と快楽だけである。一方においては善悪の基準が、他方においては原因と結果の連鎖が、この二つの玉座につながれている。……功利性の

原理はそのような従属を承認して、そのような従属をその思想体系の基礎と考えるのである。［邦訳八一―八二ページ］

彼はその本の別の個所で「利益、便宜、快楽、善、また幸福――これらは現在の場合、すべて同じことになる」（第一章三）と書き、また本人にとっての快楽の価値は「①強さ、②持続性、③確実性、または不確実性、④遠近性」という四つの要素だけによって決まる（第四章二）とも言っています。つまり快楽は、①強く感じられ、②長続きして、③発生することが確実で、④現在に近く生ずる方が価値がある、というのです。ベンサムが幸福について快楽説をとっていることに疑問の余地はありません。

また現代の倫理学にベンサム以上の影響を及ぼしているジョン・スチュアート・ミルは『功利主義論』（一八六三年）の中で、「幸福とは快楽を、そして苦痛の不在を意味し、不幸とは苦痛を、そして快楽の喪失を意味する。……快楽、および苦痛の不在が、目的として望ましい唯一のものである。……すべての望ましいものは、その中に含まれた快楽のために、または快楽を増し苦痛を妨げる手段として、望ましい」（第二章・邦訳四六七ページ）と書いて、快楽と幸福とを同一視しました。

そしてミルはこの快楽説を裏づけるために、「何かが望ましいことを示す証拠は、人々が実際にそれを望んでいるということしかない」（第四章・邦訳四九七ページ）とか、「あるものを欲することとそれを快いと思うこと、またあるものを嫌うこととそれを苦痛だと思うことは、全く分けられない現象であり、むしろ同一の現象の二つの部分だ。厳密に言えば、同じ心理的事実の二つの異なった呼び方だ」（第四章・邦訳五〇一ページ）とか言っています。

ベンサムとミルが快楽説を提唱したこれらの文章の中には、次の二つの主張が共有されています。

（1）人はすべて快楽だけを欲し、求め、苦痛だけを嫌い、避けようとしている。
（2）何が本人にとっての善（幸福）であるかは、その本人の欲求によって決まる。

いずれの主張にも難点があります。第一に、（1）は自分自身についても他の人々についても、事実に反するように思われます。人は確かに快楽を欲し苦痛を嫌う傾向を誰しも持っていますが、人が欲したり嫌ったりするものはそれだけに限られないでしょう。たとえば人が自分の死後、家族が生活に困らないように貯蓄や投資をするのは、そうすることで、自分が得られる安心感と満足感を求めるからではありません。少なくともそれが第一の動機ではありません。その人がまず求めているのは、死後の遺族の経済的安定という事態そのものです。

また（2）の主張にも問題がありますが、これは快楽説よりも次章で検討する欲求実現説の主張ですから（従って、ベンサムもミルも快楽説と欲求実現説を結びつけたという解釈ができます――そう主張する人はあまりいないようですが）、そこで検討することにします。

快楽には質の相違があるか？

快楽説の主要な長所は以上のようなものでしたが、それに対する反対論も昔から強力です。つとに紀元前四世紀の哲学者プラトンの対話篇『ゴルギアス』の中で提唱された一つの重要な反論は、「快楽の中にもさまざまの種類があって、中には幸福に全然寄与しないものもある」というものです。そのような無価値な快楽の例としてあげられるのは、のちにミルが「豚の快楽」と呼んだような（多くの場合感覚的な）低級な快楽や、他人を傷つけることから得られるような不道徳な快楽ですが、後者の不道徳な快楽については次章で「悪意ある欲求」について述べることが大体あてはまるので、ここでは低級な快楽の方だけを取り上げます。）次の例を考えてみましょう。

〈後ろめたいテレビウォッチャー〉　江藤さんはキルケゴールの宗教哲学の研究を趣味にしているが、自由な時間にはその研究にいそしむよりも、ついついテレビのバラエティ番組を見て、芸能人のゴシップに夢中になってしまうことが多い。彼女はキルケゴール哲学研究から得られる快楽の方がバラエティ番組から得られる快楽よりもはるかに高級で自分の幸福に資すると信じているので、バラエティ番組を楽しんだ後ではいつも後ろめたさを感じている。

（この場合、〈江藤さんがバラエティ番組から得る快楽の方がキルケゴール哲学研究から得る快楽よりも大きいが、幸福に資する程度は小さい〉という判断にはもっともらしさがあると思われます。

（低級な快楽に訴えかけるこの反論に対して快楽説の立場から提出できる第一の返答は、「低級な快楽と言われているものは、長期的には高級な快楽ほど大きな福利をもたらさないだろう」というものです。）たとえば、かりにキルケゴール哲学研究からの喜びがその時は淡々たるものだとしても、それは主体的な生き方をはげまし、以後の精神的生活を豊かにしてくれるのに対して、バラエティ番組を見ている間は大笑いしても、その経験は以後何の善い影響も及ぼさなかったり、それどころか江藤さんの場合のように「後ろめたさ」という不快感を生み出したりするかもしれません。一般的にそういうことが言えれば、高級な快楽はその時限りではともかく、長い目で見れば、低級な快楽よりも大きな幸福をもたらす傾向を持っていることになります。古代ギリシア・ヘレニズム期の哲学者エピクロスは、真の快楽は放縦《ほうしょう》で贅沢《ぜいたく》な生活ではなく身体の健康と心の平静にあると言って快楽主義批判に答えましたが、この回答も同じ趣旨だと解釈できます。

あるいはまた、低級な快楽はその一方でしばしば何らかの不愉快さを伴っているかもしれません。たとえば体の痒《かゆ》い所を掻《か》くことは気持ちよくても、それは必ず前提として痒さという不快の存在を必要とします。前者の快楽から後者の不快を引けば、その快楽の総量は、純粋で高級な快楽ほど大きくないでしょう。

右の二つの返答は「高級・低級な快楽」を結局「大きな・小さな快楽」に還元してしまうことによって快楽説を擁護するものです。とはいえ、そのような還元が常に可能かどうかは疑問です。苦痛を何ら伴わない「低級な快楽」というものも考えられるでしょう。おとなの眼《め》から見た幼児の遊び、洗練された趣味人から見た野人の歓楽——これらはたとえ経験主体にとって何の不愉快も伴わなくても、「低級」と評価されるでしょう。

この種の返答に頼らない快楽説からの回答もあり、それは二種類に分けられます。一つは、快楽説に居直って、批判者の言う「低級な快楽」と「高級な快楽」は区別できるとしても、両者の快楽としての価値は変わらない、とするものです。ベンサムは詩から得られる快楽もプッシュピン（当時の英国で行われていた単純なゲーム）から得られる快楽も同じように善いと断定しました。「何らかの美学や感受性の基準からすれば快楽の高低を語ることができるかもしれないが、快楽はあくまでも個々人にとって重要なので、ある人にとっての快楽がいくら低級だろうが（また、不道徳だろうが）、それが幸福に資する程度には変わりがない」と主張されるかもしれません。

しかし量さえ同じならばあらゆる快楽が同じ程度に善いと考えない人もたくさんいます。ミルはその一人でした。彼はベンサムと違い、快楽の量だけでなく快楽の質も重要だとすることによって、快楽説、ひいては功利主義を擁護しようとしました。これがもう一つの種類の回答です。

「太った豚よりやせたソクラテス」

ミルは『功利主義論』第二章で低級な快楽と高級な快楽を区別して、「満足した豚であるより、不満足な人間であるほうがよく、満足した馬鹿であるより不満足なソクラテスである方がよい。そして、もしその馬鹿なり豚なりがこれと違った意見を持っているとしても、それは彼らがこの問題について自分たちの側しか知らないからにすぎない。この比較の相手方は、両方の側を知っている」（邦訳四七〇ページ）と言って、功利主義は快楽の量だけでなく質も考慮すると主張しました。なお日本ではミルのこの主張は、東京大学の大河内《おおこうち》一男総長（当時）が一九六四年の卒業式の告辞の中で「太った豚よりやせたソクラテスたれ」とパラフレーズしたために、その形で広く知られています。

では快楽の質はどのように判定できるのでしょうか？　ミルによれば、両者の快楽を感知した人は常に高級な快楽を選ぶのだそうです。高級な快楽の方が望ましいということは、「この問題に関する有資格者である裁判官たちの下した判定であるから、もはや上告の余地なしと私は認める」（邦訳四七一ページ）とミルは言います。ここでのミルは幸福の判断に関する自覚的なエリート主義者です。彼は低級な快楽しか知らない「豚」や「馬鹿」の判断は尊重に値しないと考えていました。

ミルが提唱した仕方で「高級・低級な快楽」を理解することは確かに可能です。しかしそうすると、さっきの〈後ろめたいテレビウォッチャー〉江藤さんは、キルケゴール哲学の快楽とバラエティ番組の快楽の両方を知っていながら後者を選ぶことが多いのですから、後者の方が高級な快楽だということになりますが、きっとこれはミルの考えではありません。彼が言いたかったのは、「快楽の質の相違は、人々が何を選ぶかから独立して客観的に存在するが、すぐれた判断力と理性を備えた人ならば高級な快楽の方を選ぶに違いない」ということだったでしょう。おそらく江藤さんはキルケゴール哲学研究の快楽をまだ十分に味わっていないのでしょう。

しかしだからといって、幸福の基準に快楽の質を持ちこむことは適切でしょうか？　今指摘したように、ミルの言う「馬鹿」や「豚」は、かりに両方の快楽を経験しても「低級な快楽」の方を選ぶでしょうが、彼らがそこから得られる幸福は重要ではないのでしょうか？　彼らはその代わりに、自分が選ぼうとしない「高級な快楽」を感ずる方が一層幸福なのでしょうか？

もしミルのように、幸福度の判断において本当に快楽の量だけでなく質も考慮するとなると、そこでは快楽だけでなく、各種の快楽の質を決定する何か別の価値が暗黙のうちに想定されていることになります。それはたとえば「美」とか「品位」とかいったものかもしれません。いずれにせよ、快楽の量だけでなく質も重視するミルの発想は、もはや快楽だけを内在的な善とする快楽説のものではなく、快楽以外にも内在的な善の存在を認めるタイプの客観的リスト説あるいはハイブリッド説（両者の相違については第4章を見よ）に近づいています。

「偽りの快楽」に価値はあるか？

快楽説に対する重要な反論の一種は「偽りの快楽」という観念に訴えかけます。この議論もまたプラトンの対話篇『ピレボス』に出てきます。「偽りの快楽」とは、「快楽のように思われるが実際は快楽でないもの」という意味ではなくて、「虚偽の信念に基づく快楽」という意味です。このタイプの議論によれば、誤った信念が悪しき信念であるのと同じように、誤った信念に基づく快楽も悪しき快楽です。このようにして、「快楽が善いものか悪いものかは、何がその快楽をもたらすかによって決まるのであって、快楽それ自体に内在的な価値はない」というのがこの議論の結論になります。

本書の冒頭に私があげた〈騙《だま》されている実業家〉青山さんは、偽りの快楽の一例です。彼は自分が周囲の人々に敬愛されているという虚偽の信念によって喜びを得ているのですから。快楽説論者ならば「青山さんも混じりけのない喜びを感じているのだから幸福だ」と主張するでしょうが、批判者は、「彼は周囲の人々から軽蔑され嘲笑されているので不幸だというだけでなく、自分が騙されているということ自体を知らないために一層哀れな人物なのだ」と反対するでしょう。――もっとも青山さんが真実を知ったら幸福になるかといえば、それは疑問です。彼は冷酷な事実を知って人生に絶望するかもしれません。それでも彼はその時、誤った幻想に惑わされているという不幸からはともかく解放されたのだ、と快楽説の批判者なら言うところでしょう。

しかしこの批判に対して快楽説を取る人は、「自分の誤解に気づかない限り青山さんはやはり幸福なのだ」と反論することができます。――青山さんを不幸だと判断して軽蔑したり憐《あわ》れんだりしている人たちは、当然青山さん自身ではなく、その信念や世界観を共有しているわけではない。彼らがどのように考えているにせよ、それはいわば部外者の無意味な判断にすぎない。青山さんの幸福にとって重要なことは、彼自身が実際にどう感じているかであって、彼の知るよしもない事情ではない――。快楽説論者はそう主張するかもしれません。

読者の皆さんはどう考えるでしょうか？

経験機械

（偽りの快楽の極端に大がかりなヴァージョンとして理解できるのが、アメリカの哲学者ロバート・ノージックが提起した〈経験機械〉の思考実験です）。これはとても有名な議論なので、次にノージックの文章をそのまま引用します。

あなたが望むどんな経験でも与えてくれるような、経験機械があると仮定してみよう。超詐欺師の神経心理学者たちがあなたの脳を刺激して、偉大な小説を書いている、友人をつくっている、興味深い本を読んでいるなどとあなたが考えたり感じたりするようにさせることができるとしよう。その間中ずっとあなたは、脳に電極を取り付けられたまま、タンクの中で漂っている。あなたの人生の様々な経験を予め《あらかじ》プログラムした上で、あなたはこの機械に一生繋《つな》がれているだろうか。……**われわれの人生が内側からどう感じられるかという以外に、一体何がわれわれにとって問題なのだろうか**。［『アナーキー・国家・ユートピア』邦訳六七―六八ページ。強調は原文イタリック］

（われわれはこの経験機械に繋がれたくないだろう、われわれは心理的な経験以外のものも重要だと思うだろう——そうノージックは想定します。ノージックはその理由として三つのものをあげます。第一は「われわれは、あれこれの事柄を行いたいと思うのであって、それをしているという経験だけが欲しいのではない」というもの。第二は「われわれが特定の形で存在し、特定の形の人格でありたいと思う」というもの。第三は「経験機械に繋がれることは、われわれを人工現実に限定するが、これは人々が構成できる以上の深さや重要性を持たない世界である」（邦訳六八—六九ページ）というものです。

　このうち第二の理由づけについては、「熟睡していて行動していない人も特定の形の人格であるように、経験機械に繋がれた人も、特定の形で存在している人格であることに変わりない」と反論することができるでしょう。

　しかし第一と第三の理由にはかなりの説得力があります。私たちが普通欲しているものは、単なる心理的な経験ではなく、客観的な現実の世界の中の経験です。「そもそも『経験機械』が与える心理的状態など『経験』の名に値するものではないから、それはむしろ『幻覚機械』とでも呼ぶ方がよい」と言いたくなる人もいるでしょう。——それに対して、「いや、われわれが『現実』と呼んでいるものも、本当は夢や幻でないと誰が確信をもって言えよう」と反対する人がいるかもしれませんが、ここではそのような極端な懐疑論は放っておきましょう。

ノージックが〈経験機械〉の例をあげて以来、多くの人はそれが快楽説に対する決定的な反論になると考えてきました。しかしその議論に納得しない論者（その多くは当然ながら快楽説論者）もいます。彼らの提出する再反論を次に見てみましょう。

第一に、「われわれが経験機械に繋がれたがらないのはもっともなことだが、その理由はノージックが挙げたものではなくて、もっと実際的な不安や、他の人々の福利に関する考慮だ」という反論が考えられます。たとえば、われわれはその経験機械が安全なものだと確信できるでしょうか？　もし機械が故障してしまったら、それに繋がれている人はどんな状態になってしまうでしょうか？　また機械を管理する人たちも完全無欠な人ばかりではないでしょうし、機械の維持運営費がある日枯渇してしまうという事態も想像できます。これらの恐ろしい可能性を考えると、経験機械に繋がれるという選択は現実的には危険すぎるかもしれません。また「自分が経験機械に繋がれてしまったら、誰が家族の面倒を見るだろうか？」と自分以外の人々のことを心配する人もいるでしょう。

しかしこの反論は少々強引なようです。快楽説を批判する人たちは、「たとえそのような可能性がなく、経験機械が絶対安全だと仮定してさえも、やはりわれわれは経験機械に繋がれないことを選ぶだろう。それにわれわれが現実に送っている生活にしても、避けることのできないさまざまの危険にさらされているのだから、経験機械だけが危険なもののようにみなすのは均衡を失する。そしてたとえば残された家族の面倒のように、他に経験機械に繫がれない方がよい理由があるとしても、それは自己利益＝自分の幸福とはまた別の理由だ」と言い返すかもしれません。

次に快楽説論者の中には、「もしわれわれが合理的に考えれば、経験機械に繫がれることを望むだろう」と言う人もいます。自分が現実の世界の中で生きているという認識はわれわれを満足させるかもしれませんが、仮定上、経験機械に繫がれた人も全く同じ感覚を持っているわけです。またわれわれはノージックの想像する経験機械を実際に持っているわけではありません。３Ｄ映画はじめさまざまのテクノロジーの発展も、人をそこまで精密な人工世界に連れて来てくれません。そのため、われわれは経験機械が与えてくれる経験を何か不十分な二流品であるかのように想像しがちです。しかしそれは現状維持バイアスにすぎないでしょう。もし経験機械が与えてくれる経験が、本当にわれわれの日々の経験と同じくらい——あるいはそれ以上に——鮮烈で現実味のあるものだったら、経験機械を拒むのは合理的でしょうか？　快楽説論者ならばそれは不合理だと言うでしょう。

そうはいっても、「もしも経験機械上の人生の方が現実世界の人生よりもずっと快適だったら、私はそちらを選ぶかもしれないが、快楽の量がわずかに大きいという程度ならば、経験機械に繋がれない方を選ぶ。私は快楽だけでなく、実際にあれこれの行為をしたいからだ」という反応も、私には不合理とは思われません。

最後に、「たとえ人工現実上の経験であってもそれは本人にとって重要なものだ。たとえば経験機械に繋がれて架空の悲惨な人生を経験するのと、その悲惨な人生を実際に経験するのとは、同じくらい悪いものだろう。そうであるならば、経験機械の人工世界で得る快楽も現実世界で得る快楽も同じくらい善いと考えるのが合理的だ」という反論もあります。ノージックのあげた例は、（多くの人にとって）偽物だと思われる幸福な人生だったので魅力が乏しそうでした。しかし「経験機械上の同じように偽物である不幸な人生は、本当はあまり不幸でないのか？」と訊《き》かれたら、多くの人はこちらも現実の不幸な人生と同じくらい不幸だと思うでしょう。そして幸福及び不幸の取り扱いが、現実のものか経験機械上のものかによって違ってくるのはおかしいと考えるならば、偽物の（つまり経験機械上の）人生も、本物の人生と同じ程度に幸福だったり不幸だったりするのかもしれません。

幸福と不幸の対称性に訴えかけるこの反論にはかなりの力があります。しかしそれは、現実の世界の快苦と経験機械の経験の快苦とが全く同じだけの価値——マイナスの価値も含めるので「絶対値」という方が適切かもしれません——を持つということを示すものではありません。「経験機械上の快楽と苦痛もそれぞれ正と負の価値を持っているが、それらは現実世界と対応していないから、価値の絶対値は相対的に小さい」と主張することは可能だし、おそらく説得力もあるでしょう。

もしこの主張を取るとすると、「快楽がそれ自体として本人にとって価値がある——幸福を形成する——ことは確かだが、その価値は経験が現実世界のものか人工世界のものかによって異なる」という帰結に導かれます。この結論は純粋な快楽説ではなく、それを限定するもので、快楽に加えて経験の「現実性」あるいは「真正さ」といった性質にも内在的価値を認めるものです。

快楽とは何か？　それは単純な感覚か？

ここまでは快楽というものが、たとえば、涼しさとか甘い味とか青い色とか高い音といった、何か単一の感覚であるかのように書いてきました。この発想を「感覚的快楽説」と呼ぶことにします。ですが実際には、「快楽」という名前で一くくりにできるような感覚があるかどうか疑問です。

たとえば圧倒的な自然の絶景に接した時の感激と、真夏の日に冷房のきいた室内にはいった時の気持ちよさと、面倒であってもやりがいのある仕事を仕上げた時の喜びは、すべて快楽と呼ぶことができるでしょうが、それらに共通する特定の感覚があると考えるのは難しいように思われます。

また別々の人が同一の感覚からどのような快楽あるいは苦痛を得るかも多様です。次の例を考えてみましょう。

〈体育会系の快楽〉 大木さんは休みの日にアマチュアのラグビーのクラブで試合をすることを無上の楽しみにしている。そのような試合において、彼は時間一杯、夏の暑さや冬の寒さにもめげず、土埃《つちぼこり》や泥にまみれ、グラウンド中を息をきらして走り回り、しばしば他のプレーヤーや地面と激しく接触してかすり傷や打ち身をこしらえることにもなる。しかし大木さんはそのような肉体的苦痛や不愉快を一向に気にせずプレーに熱中し、試合が終わると心から「ああ楽しかった」という感想をもらす。

この場合、大木さんは暑さ寒さといった不快やさまざまの身体的苦痛を確かに感じているのですが、それに煩わされることなく、むしろこのスポーツを構成する不可欠の要素として楽しんでいるように思われます。大木さんが激しいラグビーのプレーから快楽を得ているということは否定できません。しかしラグビーの愛好者でない人にとっては、このような体験はたとえお金を積まれても避けたい苦痛でしょう。

同じようなことは、これとは全く異質の体験である芸術鑑賞についても言えるでしょう。クラシック音楽の愛好家にとっては、ホールで長い間静かに椅子に座って清澄な音楽に耳を傾けるほどの快楽は少ないでしょうが、それは他の人々にとっては死ぬほど退屈な苦行かもしれません。これらの場合、人々は触覚や聴覚の点では同じ感覚を持ちながら、そこからある人は快楽を得るのに、他の人は苦痛しか感じないのです。

以上の二つの点――すなわち、①「快楽」と呼べるような単一の感覚は存在しないという、快楽の多様性、②同一の感覚であっても人によって快楽と感じたり苦痛と感じたりするという、快楽の相対性――から自然に示唆される結論は、「快楽や苦痛というものは単純な感覚として存在するのではない。何が快楽や苦痛であるかは、それぞれの経験に対する本人の態度に基づく」というものです。この結論を徹底させると、何が本人にとっての幸福であるかは、感じられた経験ではなく、本人の欲求の内容（の実現）に依存するという、次章で検討する欲求実現説に近づきます。しかし快楽説を取りながらも、快楽とは感覚というよりも一種の態度・心の持ち方だとみなすことで上記の点を説明することは可能です。

快楽はある種の態度か？

現代アメリカの哲学者のフレッド・フェルドマンは、快楽や苦痛とはある種の感覚だという古典的な感覚的快楽説に反対して、快楽とは本人がさまざまな事態に対して抱く、希望とか信念とか満足といった「命題的態度 propositional attitude」であると主張しました。ここでいう「命題」とは、当該の事態を表現する命題・判断のことです。快楽を〈何らかの事態に対する肯定的な態度〉というふうに広く理解すれば、快楽の多様性も相対性も説明できそうです。

しかしフェルドマンの態度的快楽説にも多くの批判が向けられています。その中からここでは二つだけあげてみます。

第一に、「『態度的快楽』と呼ばれるもの自体も、さまざまの異質な心的状態の寄せ集めだ。それらの状態を結びつけるものが何かあるとしたら、それはやはりある種の快い感覚ではないか？　そしてこの快さがあるからこそ、われわれはそれに対して何らかの肯定的な態度をとるのではないか？」という批判があります。この批判は私たちを感覚的快楽説に連れ戻すように思われます。

第二に、フェルドマンのいう「命題的態度」は、あまりにも感情より知性に関わる状態であるように思われます。その基準からすると、幼児や動物などは希望や信念といった心理的状態を持っていないでしょうから、快楽ひいては幸福を持てないということになりそうです。いや、われわれが自分は幸福だ、あるいは不幸だと判断するときも、自分の今いる状態について漠然とそう感じているだけで、何かの特定の事態について肯定的あるいは否定的な態度をとっているとは限らないのではないでしょうか？　この疑問は、次に紹介するような、幸福に関するもっと全体論的な発想と結びつきます。

快楽は生活全体への満足か？

近年、心理学と手を組んだ「幸福の経済学」と呼ばれる幸福度研究が盛んに行われています。その研究では、「あなたは全体として見たあなたの生活（life. ここでは「生涯」というよりも「生活」という意味で理解されています）にどれくらい満足していますか？」（そして何段階かの回答の選択肢が与えられる）というアンケート調査に対する答えが、幸福度を示すとされています。

幸福度は回答者自身の基準によって評価されるため、この「生活満足」アプローチは「主観的幸福」アプローチと呼ばれることもあります。この主観的幸福は、日本語では「幸福」というよりも「幸福感」と呼ぶ方が一層適切でしょう。自分の生活全体への満足という基準は心理的な状態ですから、このアプローチも、広い意味では快楽説の一種として理解できます。

そして生活満足アプローチは幸福に対する全体論的な発想をとるという点で一層説得力があると考えられるかもしれません。というのは、これまで見てきた感覚的快楽や態度的快楽の発想は、一つ一つのエピソード的経験のもたらす幸福の集合として個人の幸福度を評価する傾向がありますが、個々の経験の喜びといえども生活全体の枠組みの中ではじめて正当に評価できると思われるからです。たとえばある日の愉快なピクニックは、それだけで終わって忘れられるならば幸福に少ししか貢献しないけれども、家族間の関係や友情を深めたり、長年にわたって回想される楽しい思い出になったりすれば、はるかに大きな幸福をもたらします。（日記をつけることの意義の一つはそこにあるのでしょう。）

主観的幸福をデータに用いた研究は、幸福度を決定する要素として、年齢、家族関係、仕事、社会関係、健康といったものを特定するなど、たくさんの経験的知見を生み出していま す。そういった実証分析によると、直接民主制と連邦制は幸福度を高め、自営業者は雇用されている人よりも幸福であり、テレビの見すぎは幸福度を低め、結婚が近づくと幸福度が高まるが結婚後は低下し、離婚した人は離婚前よりも幸福度が向上するそうです。主観的幸福の研究の成果を公共政策の場に活用しようとする動きもあります。「国民総生産」や「国民総所得」よりも「国民総幸福」の方が重要だというのです。

しかしこの主観的な幸福アプローチに対してはさまざまの疑問が投げかけられています。

第一に、それはどれだけ信頼すべきデータを与えてくれるでしょうか？　「生活全体への満足」という指標は、単に調査しやすく計量化しやすいデータだというだけの理由で、研究者によって採用されているのではないでしょうか？　このような疑問が生ずるのも、幸福度判断が、そのアンケートが行われる時の天気とか部屋の様子といった、ささいな要素によってかなり変化する――その一方、幸福度判断は平均寿命のような客観的な生活水準と必ずしも軌を一にして変化しない――ということが判明しているからです。

またかりにアンケートの回答者が冷静かつ率直に幸福度を判断すると非現実的に仮定して

も、文化によって、また個人によって、自分の幸福度をどのように評価するかはかなり違います。序章で想像した〈大望ある数学者〉井上さんは主観的幸福アプローチによれば決して幸福ではありませんが、その自己評価は妥当だったでしょうか？　その反対に、もし健康状態や文化的機会に恵まれていない人がその楽天的な気質のために自分の幸福度を高く評価するとしても、その判断にどれだけの信を置くべきでしょうか？　あるいは、鎖国政策のために外国の事情をほとんど知らない国の人々が、国際的なレベルでは貧しい自分たちの生活に満足しているとしたら？

このように、「生活への満足という主観的幸福を重視することは、ゆがんだ満足感を是認してしまう」という批判があります。ノーベル賞経済学者のアマルティア・センは次のように述べて主観的幸福概念一般に反対しましたが、この批判は全体的生活満足説に対して特によくあてはまるようです。

全く機会に恵まれず、ほとんど希望もない不運な人生を送ってきた人は、もっと幸運で豊かな環境の中で育ってきた人よりも簡単に自分の損失を諦《あきら》めるだろう。したがって、幸福という測定法は、独特の偏った仕方で損失の程度を歪《ゆが》めてしまうだろう。希望のない物乞い、土地を持たない不安定な労働者、抑圧された家庭の主婦、恒常的な失業者や疲れきった日雇い労働者は、わずかな恵みにも喜び、生きるために厳しい苦難を何とか耐え忍ぶだろうが、この生き残り戦略のゆえに、彼らのウェルビーイングの損失にそれに応じて小さな価値しか与えないというのは、倫理的に根の深い誤りだろう。〔『経済学と倫理学』邦訳七二ページ〕

センはこの理由から、ウェルビーイング（本書で言う幸福）の指標として、主観的な幸福でなしに人間が本来持っている「潜在能力」が保証されていることをあげます。これは第3章で紹介する客観的リスト説の一種と解釈できるので、そこで検討します。

「経験する自己」と「記憶する自己」

そもそも、普通われわれは「自分は今の生活全体にどのくらい満足しているか？」などという問いを立てているでしょうか？　そのような問いに自信をもって答えられない人もたくさんいるでしょう。生活満足アプローチが示す幸福度が質問の行われた時点のささいな状況によって左右されるという事実は、そのアプローチへの信頼を揺るがします。

そのため心理学の内部でも、もっと伝統的な感覚的快楽の発想に戻ろうとする動きが最近有力になってきました。たとえば心理学者であるにもかかわらず行動経済学の創始者としての功績のためにノーベル経済学賞を受賞したダニエル・カーネマンは、人間の心の中には「経験する自己」と「記憶する自己」という二つの自己、すなわち心のシステムがあると言います。前者は経験の実感によって効用を判断するシステムであり、後者は事後の記憶によってそうするシステムです。そしてカーネマンの主張によれば、生活満足アプローチが質問する相手は「記憶する自己」であって、それは経験の持続時間を無視するとか経験のピーク時や終了時の瞬間だけを法外に重大視するといった錯覚を引き出してしまうのに対して、「経験する自己」の判断ははるかに自己の利益を合理的に反映しているというのです。

感覚的快楽の発想が広く受け入れられてこなかった原因の一つは、そのような快楽の測定の難しさにあります。個人が経験する快楽と苦痛を継続的に記録することなど現実的に不可能だからです。しかし今日では「経験サンプリング法」を使えば「経験する自己」の客観的幸福度を正確に計測できる、とカーネマンは主張します。それは次のような方法です。

携帯電話をプログラミングしてランダムな時間に呼び出し音が鳴る（または振動する）

ようにすればよい。次に簡単な質問メニューをスクリーンに表示し、今何をしているのか、誰と一緒にいるのかを答えてもらう。さらにスケールを表示して、そのときに抱いている感情（しあわせ、緊張、怒り、不安、夢中、肉体的苦痛など）の強さを評価してもらうという仕掛けである。［『ファスト&スロー』邦訳下巻二三五ページ］

これは生活満足アプローチよりもはるかに費用がかかるでしょうが、それでも実行不可能ではないでしょう。そしてカーネマンは「生活への満足」というあてにならないデータよりも経験的快楽の方が公共政策への指針としてはるかに重要だと考えています。しかしこの発想に反対する人も多いでしょう。その理由には次のようなものがあります。

第一に、「記憶する自己」を重視する立場から、「時々刻々変わっていく経験だけが重要なものではない。反省してみれば、われわれの幸福は移ろいやすい現在の感覚よりも、むしろ回想の喜びと苦痛や、将来への希望と不安に依存しているところが大きい」と反論されるかもしれません。これは一見すると説得的な反論のように思われます。しかし「経験する自己」の擁護者からは、「われわれは過去や未来への態度が幸福にとって無関係だなどと主張しているわけではない。回想や将来への期待ももちろん重要だ。しかしそれらがもたらす喜びや苦しみは、われわれのアプローチにおいても、現在の心理的経験を構成する部分として十分に考慮されている——それ以上の過大評価はしないが」と回答することができます。

第二の反論として、「感覚的な経験だけなら動物でも持っている。それよりも人間にとってはるかに重要なものは、総体として判断された生活、あるいは生き方だ」というものが考えられます。そのような批判者に言わせれば、「人間とは単に快楽と苦痛の容器ではなくて、自律的に行動する主体だという点に価値がある。従ってその人間の幸福も快苦には還元されず、行為者としての性質に密接に関係する要素——業績や資質や人となり——によって測られるべきだ」ということになるでしょう。

しかしこの批判はカーネマン流の経験的な快楽観だけでなく、幸福に関する快楽説一般にあてはまるものです。それは前述の〈経験機械〉の反論とも共通するところがあります。だからこの反論がどの程度成功するかは、その反論自体が依存している幸福観念の説得力によるところが大です。

振り返ってみれば、古い単純な感覚的快楽説と違って、態度的快楽説も生活満足アプローチもカーネマン流の新しい感覚的快楽説も、「快楽という名前で呼べるような単一の感覚は存在しないのではないか？」という疑問に対して、「そう、そのような単純な感覚は存在しない。快楽と苦痛は感覚だけではなく、それを経験する本人の判断にも依存する」ということを明示的に、あるいは暗黙のうちに認めています。これらの諸説が相互に異なるのは、幸福あるいはウェルビーイングと同一視されるべき快楽とは何かについての解答においてです。しかしそれらのどの説にせよ、〈快楽の質〉と〈経験機械〉という二つの快楽説批判に対する説得的な反論を与えられるでしょうか？

本章のまとめ

幸福に関する快楽説は「快楽は善く、苦痛は悪い」という単純明快な説得力を持っているという長所がありますが、〈快楽の質〉と〈経験機械〉という二つの重大な批判にさらされています。快楽説の成否はこれらの批判にどう回答できるかにかかっています。また「そもそも快楽とは何か？」という問題についても、広い意味で快楽説に分類できるいくつもの見解がありますが、ともかく「快楽」という名前で総称できるような特定の感覚があるという発想には、今日支持者が多くありません。

発展問題

もし「高級な快楽」が「低級な快楽」よりも善いものならば、「高級な苦痛」は「低級な苦痛」よりも一層悪いものでしょうか、それともまだましな悪でしょうか？　そもそも「高級な苦痛」と「低級な苦痛」はどのようにして特徴づけられるでしょうか？

第2章

欲求実現説——欲求が満たされれば幸福になれる

欲求実現説とは何か

快楽説に対する重要な反論は〈経験機械〉の思考実験に訴えかけるものでした。この反論が説得力を持つ原因は、「われわれが本当に望んでいるのは単に快い感覚を持つことではなく、現実にある種の経験をすることだ」という発想にあります。その発想は自然にまた、「われわれの幸福は自分が望んでいることに依存する」という幸福観に結びつきます。

これこそが幸福に関する欲求実現説です。その内容を単純な形で述べれば、「自分の欲求(=望むこと)が実現されることが、本人にとっての善である。またその欲求が実現されないこと(フラストレーション)と、本人が避けようとする事態が実現してしまうことが、本人にとっての悪である」ということになるでしょう。そして幸福度は実現される欲求の大きさに依存することになります――欲求の大きさをいかに測定するかはかなり難問ですが。なお単純化のため以下の議論では、欲求の非実現という不幸についてはほとんど触れません。

もっとも今述べた主張は「無制限欲求実現説」とも呼ぶべきもので、これをそのまま提唱する人は多くありません。以下で見るように、実際の欲求実現論者の多くは自説への批判に答えるためにさまざまの形の修正ヴァージョンを提出しています。

しかしここで強調したいのは、それでも通常の欲求実現説においては、欲求が実現されるか否かだけが本来重要なのであって、欲求の実現あるいは非実現を本人が知っているかどうか、そしてそれを喜んだり悲しんだりするかはそれ自体としては問題にならない、ということです。むろん多くの場合、自分の欲求が実現されたと知ることは本人の幸福度を高めるでしょうが、欲求実現説によれば、その原因は、その人が自分の欲求の実現を知ることを欲しているからにほかならない、ということになります。

欲求実現説によると、何が幸福であるかは本人の欲求という主観的状態に依存していることになるので、この説は「主観説 subjective theory」と呼ばれることがあります。しかしその欲求が実現しているか否かは、心理から独立した客観的な状態です。また快楽説が基準にする快楽も、他人に直接感じられないという意味では主観的と言えそうです――何らかの生理的状態としては客観的でしょうが。そこで、本書では「主観説」という言葉は多様な意味を持つので避けることにします。

なお欲求実現説は「欲求満足説」と呼ばれることもありますが、「満足 satisfaction」という言葉は、欲求の実現による満足感を意味するように誤解される恐れがあるので、本書は「実現 fulfillment」の方を採用します。その他に「欲求説 desire theory」とか「選好説 preferentialism」といった名称もありますが、内容は変わりません。

快楽説への反論を避けられる――欲求実現説の長所（1）

欲求実現説は今述べたように、「われわれが本当に望んでいるのは単に快い感覚を持つことではなく、現実にある種の経験をすることだ」という、〈経験機械〉の快楽説批判と発想を共有しています。経験機械に繋《つな》がれることを望まないのにそれに繋がれてしまった人は、現実に有意義な生を送る人と主観的には同じ経験を持つのですが、そのことを知らないため、欲求実現説によれば幸福度がはるかに劣るはずです。同じようにして、〈騙《だま》されている実業家〉青山さんは自分の大切な願望が完全に裏切られているので、主観的な幸福感にもかかわらず本当は不幸な人だということになります。（なお経験機械に繋がれるのを望む人がもしいれば、その欲求が実現されるのでこの人は幸福だということになります。この帰結には一部の客観的リスト説論者以外反対しないでしょう。）

このように欲求実現説は「偽りの快楽」に訴えかける快楽説批判を回避できる――それどころか、その批判を裏づける――だけではありません。それは快楽の質による議論にも対応できます。もし欲求実現説を取るとともに、ミルのように「高級な快楽」を「人が比較検討した結果選ぶ快楽」として理解するならば、高級な快楽を選ぶ方が本人は幸福だと言えます。またそうではなしに、快楽の質が本人の選択とは独立して決まっているとしたら、その場合は、「本人が選んだ快楽の方が、たとえ低級だとしても幸福度を高める。なぜならそちらの方が本人に適合したものだからだ」と主張できます。

人間行動の心理学的説明——欲求実現説の長所（2）

前章では快楽説の長所の三番目として、それが現実の人々の心理と行動を正しく説明しているという主張をあげましたが、この理由づけは欲求実現説の方に一層強くあてはまると思われます。なぜならそこでも述べたように、「人はすべて快楽だけを欲し求める」という快楽説の主張は必ずしも事実に即さないようであるのに対して、「人はすべて自分の欲求を実現しようと行動している」という主張はもっともらしく思われるからです。とはいえ、非理性的な衝動や一時的な欲望のせいで自分が本当に欲していることを行わないという、「意志の弱さ」という現象が存在すると考えれば、欲求実現説もこの点では完全ではありません。

欲求と善との関係——欲求実現説の長所（3）

これも快楽説の三番目の長所との関係で述べたことですが、ベンサムやミルは「何が本人にとっての善であるかは、その人の欲求によって決まる」と考えていたふしがあります。このような幸福観は、今日多くの人々が持っているものでしょう。というのは、「何が善であるかは客観的に決まっているのではなくて、各人が高く評価するものが、（万人にとってではなく）その本人にとって善なのだ」という主観主義的な価値理解が現代（特に日本？）では有力だからです。哲学の世界ではこのような発想を（価値に関する）「非実在論 anti-realism」と呼ぶこともよくあります。この非実在論からは欲求実現説が自然に導き出されそうに思われます。欲求と評価とは厳密には同一ではありませんが、人間心理において両者は密接に結びついているでしょう。

しかし価値に関する主観主義と幸福に関する欲求実現説との間の結びつきは必然ではありません。なぜなら、各人は自分の幸福だけでなく他人の幸福についても評価を行っていますから、もし価値について主観主義（≒非実在論）を徹底するならば、それらの幸福評価の間で客観的にどれが正しいということは言えないはずだからです。つまり、Aさんの幸福度についてAさん自身の判断とその他のBさんやCさんの判断とが異なるとき、Aさんの判断の方が正しいということは言えないはずなのです。ところが幸福に関する欲求実現説は、「Aさんの幸福が何かを決めるものはAさん自身が持つ欲求である」と想定しています。ここではAさんについて他のBさんやCさんが持つ欲求は問題とされません。（AさんについてたとえばBさんが持つ欲求は、Bさんの幸福に影響するかもしれませんが、Aさんの幸福には直接関係しません。）

（つまり欲求実現説は価値に関する主観主義と違って、「（他の種類の評価はともかくとして）個人の幸福を評価する正当な権限はその本人にある」という暗黙の前提をとっているのです。）

今述べた点と関係して、しばしば幸福が「人生の目的」と同一視されることも欲求実現説と調和しやすいようです。というのは、「目的」を「本人がめざしていること」として主観主義的に理解するならば、それは欲求の対象と全く同一とまでは言えなくても、極めて近いからです。

欲求実現説は、次章で見る客観的リスト説が陥りやすい価値観の押しつけを避け、あくまでも本人の見方を尊重するという点で、個人の個性と自律性を尊重する見解だと言えるでしょう。

ところで、ミルが善と欲求の対象とを同一化したことに反対して、二十世紀初頭イギリスの哲学者G・E・ムアは、「ミルは言葉上の類似に惑わされて、『欲求されている desired』という**自然的事実**と『望ましい desirable＝望まれるべきだ＝善い』という**価値**とを誤って同一視している」という批判を行いました（『倫理学原理』第四〇―四一節・大意）。この議論は「自然主義の誤り」に対する批判として有名です。(その後「自然主義の誤り」の指摘は、メタ倫理学と呼ばれる哲学分野の発展をもたらすことになるのですが、それはまた別の話です。)しかしかりにミル自身がそのような無意識の混同をしていたとしても、欲求実現説論者は「私はそんな混同をしているわけではない。私は単に、個人にとっての善=幸福とは本人が望むことの実現にほかならない、と言っているだけだ」と主張することができます。

外からの観察の可能性——欲求実現説の長所(4)

欲求実現説の最後の長所として、この説によると各人の幸福の内容が外から——つまり他の人々から見て——わかりやすい、という事実をあげることができます。

快楽説によると各人の幸福度はその人が経験する快楽と苦痛によって決まるのですが、人がどれだけの、またどのような快楽を経験しているかは、他人には直接わからないので、客観的な判断が困難です。たとえば私がある飲み物を飲むことからどれだけの快楽を得ているかは、私にしかわからないでしょう。

ところが欲求実現説によると、本人が何を欲しているかを知ることで、その人にとっての別々の状態における相対的な幸福度を判断できる、と考えられます。たとえば私がある休日に家で本を読んだりテレビを見たり昼寝をしたりすることもできるのに、自転車でサイクリングに出かけたとしたら、私にとってはその方が幸福度が大きいのであり、いくつもある飲み物の中からオレンジジュースを選んだとしたら、それが一番大きな幸福をもたらす、ということになります。これらはごくささやかな幸福の例ですが、もっと一般的に、「人はいつでも自分に可能な行動の選択肢の中で自分の幸福を最大化すると思われるものを選んでいる」という前提をとれば、本人の現実の行動は、その人の幸福が何であるかを外から判断する最善の指針になるでしょう。

（ただし欲求実現説をとるとしても、現実の行動と幸福とが必然的に結びつくというわけではありません。）欲求の中には即時に実現できるものもあれば、実現に時間がかかるものもあるからです。たとえば散歩したいとかオレンジジュースを飲みたいといった欲求はすぐに実現できますが、将来自分の家を持ちたいといった欲求が実現されるには長い時間がかかります。それどころか、一生実現できずに終わるかもしれません。「異時点間の欲求」とでも呼ぶべき後者のタイプの欲求を実現するための行為がはたして本当に幸福をもたらすかどうか、それは長い時間が経ってみなければ判断できないでしょう。（異時点間の欲求が生み出す難問については本章の後でまた触れます。）

とはいえ、異時点間の欲求の場合でも、何がその人の幸福であるかは、本人の実際の行動から推測できることが多いでしょう。そしてもし欲求実現説を、「人間の行動に関する説明や予測のための有用性」という尺度で評価するならば、観察の可能性というこの特徴は大きなメリットになります。実際、主流派経済学の世界では消費者の具体的な選択行動（「顕示選好 revealed preference」と呼ばれます）だけに基づいて効用を理解しようとするアプローチが普通です。――ただしこのアプローチをとる人々は、行為者がある選択を行うとき、選択行為自体から主観的満足を得るかのようにも語りがちです。たとえば誰かが慈善団体に寄付をする場合、寄付することから得られる**満足感**が効用を高めるとみなすわけです。そのため顕示選好アプローチは、実際には快楽説と欲求実現説とを区別せず混同した発想から来ているようですが、ともかく結果的には欲求実現説と同じ結論に至ることが多いでしょう。

その一方、幸福を「自己利益に関する判断の合理性」という尺度から見た場合、観察の可能性という特徴は必ずしも重要ではありません。なぜなら人々が持つ欲求の内容が外から見て観察可能か否かと、それが合理的か否かとは別の問題だからです。

誤った情報に基づく欲求

欲求実現説はこれらの長所があるため、多くの支持者を集めてきましたが、それはまたいくつもの批判も浴びています。それらの批判の大部分は、さまざまな種類の欲求について欠点を指摘し、そのような欲求の実現は幸福に資さないとするものです。以下このタイプの批判を見てみます。

第一に、誤った情報に基づく欲求が幸福に結びつかないという事態はたやすく考えられます。毒が入った食べ物を、それとは知らずに食べたいという欲求を持つ人がいるとき、この欲求が実現されることは、本人を不幸にするでしょう。

この批判に対しては、「誤った情報に基づく欲求が実現されると、その結果として、それ以外のもっと多くの大きな欲求が実現されないことになるから、この種の欲求の実現を考慮に入れても欲求実現説は維持できる」という回答があります。たとえば有毒な食物を食べた人は、そうでなければ実現できたはずの欲求の多くを実現できなくなってしまうでしょう。この場合、当該の食物を食べたいという欲求の実現よりも他の諸欲求の実現の方が大きいので、その欲求の実現はそれだけを取り上げれば善いことであっても、全体的には本人を不幸にしてしまうのです。

あるいはまた、「浅い欲求」と「深い欲求」といった区別に訴えかけることもできます。

その食物への欲求は、意識にのぼっていても浅いものですが、病気になりたくないという欲求は、直接念頭に浮かんでいなくても常に存在する深いものであり、後者の欲求の方が重要だ、というわけです。

しかし誤った情報に基づく欲求の実現がその他の重要な欲求の実現を妨げないという場合も考えられます。次のような例を考えてみましょう。

〈偽造された文書のために捧《ささ》げられた一生〉　川島さんは民間の歴史研究家である。彼女はある旧家で見せられた文書が計り知れない歴史的価値のある古文書だと信じ込んで、その普及宣伝と研究に一生をささげた。川島さんの生きがいはそこにあった。彼女の生涯はその「発見」がなければもっと退屈でつまらないものだったろう。ところが川島さんの死後、その文書は現代に偽造されたものだということが立証された。

これは快楽説における「偽りの快楽」と同じような問題です。もし欲求実現説論者が、「誤った情報に基づく欲求の実現も立派に価値がある」という無制限ヴァージョンを主張するなら、それはそれで一貫した立場です――それがどれほど説得的かはまた別の問題ですが。

しかしそうでなしに、川島さんの幸福はその文書の真贋《しんがん》によって左右されると考えるならば――つまり、その文書が本物だった方が彼女は一層幸福だったと評価するならば――、欲求実現説を無制限の形で取ることはできません。欲求実現説論者はその場合、「誤った情報に基づく欲求が実現されることには価値がない（あるいは、正しい情報による欲求の実現よりも価値が乏しい）」というふうにその主張を改訂する必要があります。

パーティーか『リア王』か？

いや、欲求実現説論者は単に誤った情報に基づく欲求を排除するだけでなく、人がよりよい情報を持っていたら持つであろう、可能な欲求も考慮すべきではないでしょうか？　今日の幸福・ウェルビーイングの哲学の開拓者の一人であるパーフィットは、次のような例を想像しました。――現実の欲求だけを考慮する説によれば、自分がパーティーに行くか家で『リア王』を読むかを選ぶ場合、いずれの選択肢を選んでもそれを決して後悔しなかったとしたら、どちらの選択肢も他方より善かったという理論的矛盾に陥ってしまう。だからむしろ次のように考えるべきだ――。

もし私がパーティーに行く方を選んだならばこの選択をしたことをまずまず喜ぶだけだが、もし家にいて、『リア王』を読んだならばそれを大変喜ぶだろうとしてみよう。もしこれが真ならば、『リア王』を読む方が私にとって善い夜なのである。〔『理由と人格』邦訳六七一ページ〕

この主張は多くの人にとって説得力を持つでしょう。そうすると、〈実現されると本人に幸福をもたらす欲求〉とは、その人が現に持っている欲求ではなく、自分にとって重要な事実——右の例ならば、〈自分はパーティーに行くよりも『リア王』を読む方から一層大きな喜びを得るだろう〉という事実——を知っていたら持つような欲求のことだ、という主張に至ります。

たとえば現代の正義論に決定的な影響を与えたアメリカの政治哲学者ジョン・ロールズは主著『正義論（改訂版）』の中で、「ある個人にとっての最善の計画とは、彼が完全情報（full information）を保有しているならば採用すると考えられる計画である。この計画は当人にとって客観的に合理的な計画であり、彼の本当の善を決定する」（第六四節。邦訳五四八ページ）と書いています。幸福に関するこの見解は「知悉《ちしつ》的 informed 欲求実現説」と呼ぶことができます。

しかしこの説によると、人が幸福であるためには、正しい情報をどれだけ持っていなければならないのでしょうか？　世界には無限の情報があって、その中で自分に関係する情報だけに限っても、どんな人も完全に近い情報を持っているなどということはありませんから、その人の欲求がどの程度まで正しい情報に基づいているか、従って合理的かを知ることは、実際問題として不可能です。

欲求実現説論者の中には、知悉的欲求実現説に納得せず現実の欲求の実現だけを考慮する人もいるでしょう。この立場をとる人は、「人を幸福にするような欲求の実現は、単なる可能な欲求の実現ではなく、当人が現実に持っている欲求の実現でなければならない」と信じているわけです。

「〈現実の欲求〉対〈可能な欲求〉」という問題との関係で、欲求実現説、特に経済学の顕示選好アプローチに対して向けられることがある批判の一種にここで触れておきましょう。それは「人間の欲求は熟慮や経験や他の人々との触れあい・交流によって変わるものなのに、欲求や選好の実現を重視する論者はまるで個人の欲求が固定されて変わらないものであるかのように想定している」というものです。

この批判は誤解に基づいています。欲求実現説は個人の欲求が一定不変だという非現実的な前提に基づいているわけではありません。この説をとる人も、欲求は可塑《かそ》的なものだと認めることができます。人が持つ欲求の対象も強さも、ともに変わっていくでしょう。すると将来の本人にとって重要な欲求は今現在のものではなく、変化後の未来のものだということになりそうです。（他方で、本人がすでに持たなくなった欲求の実現は幸福に寄与するでしょうか？　この問題には本章の後の部分で触れます。）

さまざまのおかしな欲求

かりに知悉的欲求実現説をとるとしても、問題を含んだ欲求はいろいろあります。

第一に、「われわれにとって無意味だと思われる欲求の実現はどう評価すべきか？」という問題があります。よくあげられる例は、公園の広場といった特定の区域内の草の数を数えたいという欲求（ロールズ『正義論』第六五節末尾）です。また前章で見た「低級な快楽」に似た問題として、低級な欲求の実現という問題もあります。誰かが単純な積木の家を作っては壊すことだけを楽しみにしていて、それ以外に関心を持たないとしてみましょう。ある人の知悉的欲求がこのような無意味な欲求や低級な欲求である場合、その実現は当人を幸福にするでしょうか？

　幸福にしないと考える人もいるでしょう。「実現されることに意味がある欲求は、何らかの意味で価値ある欲求に限られる」と言われるかもしれません。しかし欲求実現説からは、たとえわれわれの大部分がこれらの欲求を持たず、それどころか理解することさえ難しいとしても、そのような欲求を現に持ってしまっている人にとっては、他の人が「無意味」だとか「低級」だとか評価するような欲求の実現が重要だ、と反論することができます。

　同じように問題があるのは、本人自身も不合理だと思っている欲求です。ある人が外出するとき、自分がドアに施錠したことは分かっているのに、ドアが閉まっていることを何度も確かめないと気が済まないとしてみましょう。この人は「ドアが閉まっていることを確認したい」という自分の強迫的欲求が不合理だということを知っているのですが、それに抵抗できないのです。この場合、その欲求の実現は本人を幸福にしないように思われます。「合理的な欲求の実現だけが本人を幸福にする」という考えは「合理的欲求実現説」と呼べるでしょう。

　しかしかりに、この人がその不合理な欲求の実現を無理やり妨害されたら、幸福度は向上するでしょうか？　むしろ低下しそうです。この人はその欲求を持たないようになればきっともっと幸福になるでしょうが、現実にその欲求を持っている以上、いくら不合理でもその実現はいくらか幸福を向上させる――。そう判断することには理由があります。

この結論は次の例ではもっと説得力を持ちます。ある高所恐怖症の人が、たとえ一〇〇パーセント安全だと頭ではわかっていても高い所を嫌がる自分の欲求には全く合理的な理由がない、と考えているとします。この人はできれば自分の高所恐怖症を克服したいと望んでいるかもしれません。それでもこの人は、高い所になるべく足を運ばない方が幸福な生活を送れるでしょう。

無意味な欲求や低級な欲求や不合理な欲求以上に道徳的に問題なのが、悪意ある欲求です。人をいじめたり苦しめたりすることに喜びを感ずる人は、その欲求の実現によって幸福度を向上させているのでしょうか？　そうは考えない人が多い。古来プラトンをはじめ多くの思想家が、不道徳な欲求が満たされるとしてもそれは当人にとって善いことではなく、不正な人は幸福になりえない、と主張してきました。そう信ずる論者がもし欲求実現説論者ならば、彼らは「道徳的欲求実現説」とでも呼ぶべき立場をとって、「幸福に資するのは道徳的に正当な欲求の実現だけだ」と主張するでしょう。

しかしこの考え方は、個人にとっての幸福とそれ以外の人々を含む社会全体にとっての利益とを混同しているのではないかと疑われます。悪意ある欲求の実現は、どうしてもその悪意の対象になる人々の不幸（どのような幸福観を前提にするのであれ）を伴わざるをえませんから、社会にとって、また道徳の観点から、望ましくないことに違いありません。しかしその実現が悪意ある欲求を持つ本人の幸福を増進させると考えることには、欲求実現説からは実は問題がないでしょう。ある個人の幸福と他の人々の幸福がいつも調和するとは限りません。両者が衝突することもありえます。

それでももし、悪意ある欲求の実現は当人の幸福を向上させないと主張したいなら、その場合は道徳性を幸福の構成要素の一つとするような客観的リスト説を取らなければなりません。（幸福と道徳性の関係というトピックについては、第4章の終わりの方でもう少し詳しく触れます。）

状況に「適応」する欲求

私は今、悪意ある欲求の実現もその当人の幸福には資すると主張したわけですが、欲求実現説にとってもっと微妙な種類の欲求は、「非自律的」と呼べるような欲求です。

第1章で快楽の性質に関する全体的生活満足説を批判的に検討したとき、私はセンの文章を引用しました。センはその中で、主観的な幸福観念は「抑圧された家庭の主婦」などの、「全く機会に恵まれず、ほとんど希望もない不運な人生を送ってきた人」の諦《あきら》めを幸福評価の中に含めてしまうので、ウェルビーイング（彼は「幸福」という言葉を主観的心理状態だけを意味するように使い、本書の意味での「幸福」を「ウェルビーイング」と呼んでいます）を評価するためには不適当だ、と主張したのです。人が最初から欲求を諦めていれば欲求の非実現をなくせるし、欲求の水準を下げておけば欲求を実現しやすくなるが、そのことは当人のウェルビーイングを高めることにはならない、というのがセンの判断です。

この問題を論ずる際によく持ちだされるのが「適応的選好形成 adaptive preference formation」という観念です。これを最初に提示したノルウェー出身の社会学者ヤン・エルスターによると、適応的選好形成とは、実行可能な選択肢が貧弱である場合に、そこからでも十分な満足が得られるように自分の選好を変えること——特に、実現できない選択肢への欲求をなくすこと——です。エルスターは、適応的選好形成は本人の主観的な福利を向上させるだろうが、その自律性を失わせるから望ましくないと評価します。

適応的選好形成の存在は欲求実現説への反論になるでしょうか？　たとえば、奴隷制の社会の中で、ある奴隷が自分が解放されて自由人になる見込みが全然ないためその空《むな》しい望みを捨てて、その代わりに、できるだけご主人様の役に立ちたいという欲求を持つようになったら、この欲求の実現は当人の幸福を高めるでしょうか？　また独裁政治国の国民が進んで政治的指導者に忠誠を示すようになったら？　このようにして魅力的でない例をあげてみると、「環境に適応するように形成された欲求の実現は本人の幸福を向上させない」と思われるかもしれません。

しかし適応的選好形成がいつもそれほど悪いものだとは限らないでしょう。自分の置かれた状況に合うように選好を変えるということはわれわれが日常的に行っていることです。その変化の多くは合理的であり、道徳的にも問題がありません。たとえば少なくない子どもはプロスポーツ選手や芸能人になりたいという欲求を持っていますが、成長するにつれてそのような願望は実現困難だということを知って、自分にふさわしいもっと現実的な欲求を持つように変わっていきます。このような選好形成を批判する理由はなさそうです。それと反対に、実現困難な欲求をいつまでも持ち続けて、その結果失望だらけの生涯を生きるとしたら、むしろその方がはるかに不合理でしょう。

センやエルスターの主張が説得力を感じさせるのは、適応的選好形成が社会的な不正や苦しみをもたらす場合です。奴隷制社会の奴隷やセンのいう「抑圧された家庭の主婦」が自分の社会に適応するように欲求を形成してしまうと、その結果として奴隷制や男女差別が温存されてしまうでしょうから、そのような不正な制度や慣習をなくすためには、抑圧された奴隷や主婦が現在の状態に満足することなく、強い反対の声をあげることが必要かもしれません。そうすれば社会全体で一層大きな幸福が実現されるでしょう。

しかしこれは社会的な望ましさや道徳の観点からの考慮です。純粋に本人の幸福という点だけから言えば、自分の状況をたやすく変えられない人は、たとえその状況が不正を含んでいるものであっても、適応的選好形成を行うことによって幸福度を高める――あるいは少なくとも、不幸の程度を小さくする――ことができるでしょう。悪意ある欲求の場合と同様、ここでも個人の幸福と社会全体の幸福とは衝突することがあるのです。

高価な欲求

次に、自らの欲求を環境に適応させないことがいかにして不幸を生み出すか、その例を考えてみましょう。

〈美食家の不満〉 木村さんは金持ちの家に生まれて、富裕なライフスタイルに慣れてきた。中でも彼は特に食事にうるさくて、夕食は毎日名の通ったレストランでフルコースの料理を高価なシャンパンと一緒にとるのを習慣にしてきた。ところが最近木村さんは財政状態が悪化して、しばしば手ごろなレストランでの簡単な夕食ですまさざるをえなくなった。木村さんは「もし私が庶民的な食事に慣れていたら、今の生活にも満足できただろうが、なまじ舌が肥えてしまったため、キャビアとシャンパン抜きの夕食はわびしくてたまらない」と友人たちに不平を垂らしている。それでも木村さんの物質的生活水準は友人たちがうらやましく思う程度に高い。

私の推測では、読者の多くは木村さんに同情しないでしょう。それは自然なことです。木村さんは今の状態でも物質的に十分恵まれているのだから、それに合わせて自分の高くつく欲求を切り下げるのが合理的な行動だからです。木村さんが今の生活に不満を持つとしても、その不満は社会に対して正当化できるものではありません。

しかしもし無制限欲求実現説を採用するなら、木村さんがあまり幸福でないという結論を避けることはできません。悪意ある欲求や非自律的な欲求と同じように、高価な欲求も現実の欲求であることに変わりないからです。

見知らぬ乗客

先にあげたパーフィットは無制限欲求実現説、すなわち「ある人にとって最善のことはその生涯を通じてその欲求のすべてが一番実現されていることである」という説に反対して次の例をあげました。

私が見知らぬ人に会うが、その人物は死に至る病気と思われるものを持っているとしてみよう。私は同情をかきたてられ、この見知らぬ人の病気が治ることを強く望む。ずっと後になってこの見知らぬ人の病気が治る。〈無制限欲求実現説〉によると、この出来事は私にとって善いことであって、私の生をうまく行かせることになる。これはもっともらしくない。われわれはこの説を斥《しりぞ》けるべきだ。［『理由と人格』邦訳六六八ページ］

この議論は、見知らぬ人との出会いが交通機関上だったという想定のもと、〈見知らぬ乗客〉という名で知られており、単純な無制限欲求実現説への有力な反論とみなされています。

パーフィットがこの説を斥ける理由はどこにあるのでしょうか？　その理由は二つ考えられます。第一に、この見知らぬ人は私にとって親類縁者でも友人知人でもない、全くの赤の他人です。そんな人の状態が私の幸福に関係するはずがないという考え方を、〈赤の他人に関する欲求〉の議論と呼ぶことにしましょう。そして第二に、私はこの見知らぬ人が病気から治ったという事実を全然知りません。この事実が無制限欲求実現説への反論になるという考え方を、〈その実現を本人が知らない欲求〉の議論と呼ぶことにしましょう。

パーフィット自身は前者の議論の方を一層重視しているようです。彼は無制限説に対する代替的理論として、「自分自身の生に関する欲求だけに訴えかける」「成功説 Success Theory」をあげているからです――もっとも彼は最終的には成功説をとるわけでもありませんが。しかし無制限説に対するこの二種類の反論は本当に妥当なのか、それを検討してみましょう。

まず〈赤の他人に関する欲求〉の議論から――。第一に、無制限欲求実現説に対して成功説は、自分自身の生に関する欲求だけが重要だとするわけですが、成功説でも自分の家族に関する欲求はその中に算入される可能性があります。なぜならパーフィットによれば、私の最強の欲求の一つは、親として成功することだからだそうです。しかし諺《ことわざ》に言うように、「袖《そで》触れ合うも他生の縁」です。〈見知らぬ乗客〉がそれまでは赤の他人だったにせよ、もし私がその人の病気回復を本当に長期にわたって強く願うならば、〈見知らぬ乗客〉はもはや

「赤の他人」と言うべきでないでしょう。またあらゆる人が自分の家族の状態について強い欲求を持っているとも限りません。親子の縁を切った親は、自分の子どもの状態について何の関心も持たないかもしれません。これらの例からわかるように、「自分自身の生に関する欲求」と「他人の生に関する欲求」とを区別することはしばしば困難です。

一般的に言って、人は特定の赤の他人――たとえば自分が応援しているスポーツ選手――についても、人類一般についても、動物の状態についても、非人格的な事態――たとえば宇宙のあり方――についても、自分自身の状態についてと同様、強い欲求を持つことがよくあります。「これらの欲求は自分だけに関する欲求と違って、その人の幸福に関係しない」と考えることは不自然ではないでしょうか？　実際問題としては、自分の状態に関する欲求の方が強いことが多いでしょうが、それは程度の違いにすぎず、ある欲求が他人に関するものだというだけの理由で本人の幸福と無関係だという結論にはならないでしょう。「ある人の親戚や友人や仲間の状態はその人の幸福に関係するが、赤の他人の状態はかりにその人の関心の対象であっても幸福に関係しない」と考えるべき理由はなさそうです。

こう考えて見ると、私には欲求実現に関する成功説が無制限説よりも説得力があるとは思われません。

次に、〈その実現を本人が知らない欲求〉の議論に移りましょう。「欲求の実現・非実現に関する本人の認識の有無はその人の幸福を左右しない――本人がその認識自体を欲している場合（それは実際には多いだろうが）は別として」というのが標準的な欲求実現説の立場です。そうだとしたら、見知らぬ乗客がその後病気から回復したことを私が知ろうが知るまいが、私の幸福度には変わりがないという結論に至ります。

この見解に反して、「〈その実現を本人が知らない欲求〉の実現は全然幸福に寄与しない、あるいは寄与の程度が小さい」と考える人も少なくないでしょう。その見解は「経験的欲求実現説」とでも呼べるでしょうが、それは本人の「認識」という心理的状態に訴えかけるものなので、「欲求の実現の認識という心理的状態は快いから善いものだ」と考えるならば快楽説、あるいは「知識・認識はそれがもたらす快楽とは別に、それ自体として善いものだ」と考えるならば、次の章で検討する客観的リスト説の一種に分類できます。いずれにせよ〈その実現を本人が知らない欲求〉による反論に説得力を認めるならば、純粋な欲求実現説をとることは困難です。

死後の実現は故人を幸福にするか？

〈その実現を本人が知らない欲求〉の実現を重視する欲求実現説論者の中にも、死者の欲求になると無視する人がいます。この立場は合理的でしょうか？　次の例を考えてみましょう。

〈無宗教者の仏葬〉　黒川さんは生涯を通じて宗教的信仰を持たず、それどころか、いかなる宗教をも迷信として嫌っていた。そのため彼女は常々子どもたちに対して、自分の葬式を行うならそれは必ず無宗教式にして、どんな宗教色も入れるなと厳命し、そのような葬儀のために多額の費用を自分で用意していた。ところが黒川さんが死亡すると、遺族は黒川家代々の菩提寺《ぼだいじ》で盛大な仏式の葬儀を執り行った。

快楽説をとるなら、この場合黒川さんはもはや何の快楽も苦痛も感じないのですから、どんな葬儀をされようが幸福度に変わりはありません――というよりも、もはや幸福や不幸の主体自体が存在しないので、幸福度を語ることもできないでしょう。これに対して欲求実現説をとるなら、遺志に反するこの葬儀は彼女を不幸にすると判断されそうです。

ところが欲求実現説論者の中には、快楽説論者と同様、もはや存在しない死者については幸福や不幸を語れないから、生前の遺志の実現は本人の幸福と無関係だと考える人もいます。この見解は「生存前提的欲求実現説」とでも呼べるでしょうが、それはどれほど合理的でしょうか？

今の例を少し変えて、黒川さんがまだ死んでいないうちから家族が菩提寺や葬儀業者に連絡して葬式の用意をしたが、病床の黒川さんはそのことを全然知らなかった、としてみましょう。この場合、経験的欲求実現説ならば、何も知らない彼女の幸福度に影響はありませんが、生存前提的欲求実現説ならば、彼女の欲求が無視されたのですから、彼女はそれだけ不幸になったことになります。しかし元来の例とこの変形の例で幸福度の判断が異なると考えるのはあまりもっともらしくないようです。要するに、〈その実現を本人が知らない欲求〉のうち死者の生前の欲求だけを特別扱いすることには理由がないようなのです。

また現実にわれわれは、遺志が実現されることは故人にとって幸福だと感ずることがよくあります。たとえば誰かが自分の死後遺される子どもの幸福を願っていたり、自分の死後の名誉を気にかけていたりした場合、その子が若くして病死したり、死後名誉が不当に傷つけられたりしたら、そのことが故人を不幸にするという判断にはもっともらしさがあります。死者の遺言が尊重されるという、人間社会で一般的に見られる慣習や法制度も、この判断によるところが多いでしょう。

　ただし死者があまり昔の人になると、われわれはその遺志の実現をほとんど重視しません。たとえば古代の王侯の墳墓に、死後何百年後に関する彼の願望が書き記されているとしても、現代の人々はそれを無視するでしょう。とはいえその無視の理由は、「死者の遺志はすべて無視しても構わない」と信じているからではなくて、主として「一般に人は遠い死後についてあまり強い欲求を持たない」という判断に基づくものでしょう。

　もっとも遺志の尊重という習慣は、その実現・非実現が人の幸福を左右しないという前提を取った場合でも説明することができます。たとえば快楽説論者はこう主張するかもしれません。「われわれが故人の遺志を尊重するのは、その故人本人のためではなく、今生きている人々のためだ。現実に多くの人々は自分の死後について強い関心を持っているのだから、われわれは故人の遺志を尊重するという慣行によって、これらの生きている多くの人々に安心感を与えることができる。」確かにこのような議論は可能ですが、それが遺志の尊重の根拠について多くの人々が感じている理由だとは思えません。

　このように考えてくると、経験的欲求実現説や生存前提的欲求実現説を取るより、「死者が持っていた欲求の実現もその人の幸福に資する」と考える方が素直で説得力があるように思われます。ただこの立場も難問を抱えています。それは「故人の遺志が実現されたとき、それによって幸福になるのはどの時点の故人なのか？」という問題です。

この問題に対しては二つの答えが考えられます。第一の答えは、「遺志が実現された時の故人だ」というものです。これは死後の霊魂の存在を信じている人々にとっては全然問題がないでしょうが、それを信じず、人は死ねば何の意識も感覚も持たない無に帰すると考えている人々にとっては受け入れにくい発想です。

第二の答えは、「遺志を持っていた時の生前の故人の幸福度が、その実現によって遡及的《そきゅう》に向上するのだ」というものです。幸福に関する欲求実現説が、欲求の主体を幸福の主体と同一視することは、ごく自然です。そうすると前の例では、生前の黒川さんの幸福度は、死後自分の意に反する葬儀をされたことによって、遡《さかのぼ》って減少することになります。とはいえ、「ある人の性質が死後の出来事によって遡及的に変化する」ということは一見すると奇妙に思えます。また「ある人がどのくらい幸福だったのかはいつまでも完全には決まらず、死後の出来事によって左右される可能性がある」という帰結もわれわれの幸福観に反するかもしれません。

このように「遺志の実現は故人の幸福に影響する」という発想を認めることは、「その害悪を受けるのはいつの時点のその人か」という難問を伴い、それについてあらゆる人を満足させる解答はないでしょう。しかし各時点で確定している物理的性質や生物学的性質と違い、「幸福・不幸」という価値的性質は遡及的な変化を受け入れるものだと考えれば、第二の答えに満足するしかないのかもしれません。

過去の欲求

異時点間の欲求の実現――すなわち、人が欲求を持っている時期とその欲求が実現される時期とは異なることがあるという事態――は、死者の生前の欲求だけに限られません。それは今生きている人についても起きます。

欲求が向けられる対象は、数学的真理のような時間を超えた事態（「メルセンヌ素数は無限に存在してほしい」）や、過去の事態（「十代のころ悪友との付き合いに時間を浪費したりせず、もっとたくさん本を読んでおけばよかった」、「父は死ぬ時に苦しまなかったのであってほしい」）でもありえます。そしてこれらの欲求の実現あるいは非実現が過去と現在の幸福を左右するかどうかは興味深い問題です。しかしここでは話を単純にするため、将来に向けられた欲求だけに絞り、欲求の変化に関する次の例を考えてみましょう。

〈鉄道少年の実現されなかった夢〉 気多《けた》さんは幼い子どもの時から鉄道が大好きで、特に運転手にあこがれていた。「僕は大きくなったら電車の運転手になるんだ」が彼の当時の口癖で、そのため気多さんは物理や工業技術の勉強にまで熱中した。ところが彼は大学生のころからなぜかその欲求を失い、もし希望すれば電車の運転手になる能力もチャンスもあったにもかかわらず、大学卒業後は平凡な事務職の公務員になった。

電車の運転手になりたいという子供時代の気多さんの欲求は、何ら不合理なものでも不道徳なものでもありません。その欲求は本人にとって実現可能だったのであり、そして運転手という仕事は社会的に有意義なものです。それなのに彼は運転手にならなかったことによって、青少年期の十数年にわたって持ち続けた熱烈な欲求を実現させずに終わらせてしまったのです。無制限欲求実現説によれば、気多さんは電車の運転手になって過去の欲求を実現させた方がずっと幸福になったはずです。ところが欲求実現説論者も含めて大部分の人はそう思わないでしょう。「人は自分がもはや持っていない欲求を実現させても幸福にならない」と考えるでしょう。

この判断に関する一つの自然な説明は、「欲求が実現されても、それによって本人が満足感を味わわなければ意味がないからだ」というものです。これは経験的欲求実現説の主張で、すでに述べたように快楽説か客観的リスト説に近づきます。

もう一つの説明は、「もはや持っていない過去の欲求の実現もいくらか価値があるが、それよりも現に持っている欲求の実現の方が主観的にはずっと切実だ。だから現在の欲求と過去の欲求が両立しない場合、過去の欲求の方が現在の欲求によって圧倒されるのは当然のことだ」というものです。こう考えれば、「異時点の欲求の実現の中でも、単なる過去の欲求はほとんど尊重されないのに、死者の生前の欲求は尊重される」という事態も説明できます。故人の遺志の場合は、それと矛盾対立する欲求がないから、遺志の実現に反対する理由がないのに、単なる過去の欲求は多くの場合本人の現在の欲求と両立しないからです。

しかしこの説明でもまだ謎は残ります。人が自分の死後について持つ欲求は変化することも多いのに、われわれが尊重しようとする死者の欲求は、たいていその人が最後に持っていた欲求です。故人が長年持っていた欲求よりも、最後の死に際の一時期の欲求の方が重視されるのです。この判断はどのようにして正当化できるでしょうか？

ともかく一般的に言って、人が特定の欲求を持っている時期とその欲求が実現される時期とは異なることがあるという事実は、欲求実現説にとってさまざまの解決困難な問題を生じさせます。

なぜ欲求を理想化するのか？

ここまで見てきた欲求実現説に対するさまざまの批判は一つの共通点を持っています。それは、ある種の欲求が欠点あるいは問題のあるものだという理由で、そのような欲求の実現は当人の幸福と関係がないと主張する、という点です。それらの欲求としては、誤った情報による欲求、無意味な欲求、不合理な欲求、低級な欲求、悪意ある欲求、非自律的欲求、高価な欲求、赤の他人に関する欲求、その実現を本人が知らない欲求、過去の欲求などがあげられます。

これらの批判に対して、欲求実現説論者の多くは無制限欲求実現説を捨てて、実現されるべき欲求を理想化して限定することで対応してきました。知悉的欲求実現説、道徳的欲求実現説、経験的欲求実現説、成功説などがそういった対案です。これらの対案がそれぞれどの程度説得力を持っているかは読者の判断にお任せします。しかしそれらの対案も共通する問題を抱えています。それは「なぜ実現されるべき欲求の種類を理想化するのか？」というものです。

幸福に関する欲求実現説の元来の説得力の大きな部分は、ありのままの本人の判断を尊重するというところにあります（本章冒頭の「欲求と善」）。また欲求と幸福評価とは不可分に結びついているという基本的な発想がそこにあります。ところが実現されるべき欲求を理想化してしまうと、本人にとってその欲求は疎遠なものになってしまいかねません。たとえば低級な欲求や高価な欲求を現実に持っている人は、これらの欲求が変化したときに自分が持つであろう、高級な欲求や安価な欲求にはあまり関心を持てないでしょう。（とはいえ、誤った情報による欲求は一番捨てやすい欲求ですし、過去の欲求も本人にとって疎遠なものですが。）

それに「なぜ本人の現実の欲求よりも理想的な欲求の実現の方を重視するのか？」と問われれば、自然な答えは「現実の欲求よりも理想的な欲求の方が客観的に正しい（あるいは妥当だ）からだ」というものでしょうが、もしそうだとすれば、主観的なものたらざるをえない欲求にこだわったりせず、欲求の対象の性質に最初から着目する方が、幸福観念へのアプローチとしても適切だと言えそうです。このアプローチは次の章で検討する客観的リスト説のものです。

もっとも欲求実現説論者は、欲求を理想化せずにあえて無制限ヴァージョンにとどまることもできます。しかしその説がさまざまの批判に対してどれほど説得力のある回答を与えられるかには疑問が残ります。

欲求されざる善、避けようとされない悪

最後に私が欲求実現説の基本的な難点だと考えるものをあげましょう。それは、本人が欲求していなかったにもかかわらず幸福をもたらす事態や、避けようとしないが不幸をもたらす事態がたくさん存在すると思われる、ということです。次の例を考えてみましょう。

〈一生忘れられない夕焼け空〉　小林さんがある日帰宅時に眼《め》を上げると、そこにはこれまで見たことも想像したこともなかったような不思議な色と形の雲で覆われた夕焼け空が広がっていた。彼女はその時この景色に恍惚《こうこつ》となっただけでなく、一生その夕焼けの記憶を大切に持ち続け、つらい時や苦しい時にもその思い出が慰めを与えてくれた。しかし小林さんはその夕方までただの一度も「美しい夕焼け空を見たい」という欲求を持ったことはなかった。

あるいは反対に不幸の例として、自分が落雷に遭うという事態を全く考えたことがなく、それを避けようとしなかったために嵐の日雷に打たれて大けがをしたという人を想像して下さい。両者の例の人たちの幸福の程度が、前者は夕焼け空によって向上し、後者は落雷によって減少したということを否定する人はいないでしょう。しかし両者ともその事態は全く欲求や回避の対象ではありませんでした。

欲求実現説論者の中には「人はもし十分合理的であるならば、すばらしい夕焼けを見たい、落雷を避けたい、という欲求を持つはずだ」と言う人がいるかもしれませんが、これは議論倒れの知悉的欲求実現説と思われます。そんなことを言っていたら、誰も理想的な欲求の内容など語れないでしょう。人が望まなくても本人を幸福にするものや、避けようとしなくても不幸にするものがあるということを説明するためには、それらが本人に快楽や苦痛、あるいは他の種類の善や悪をもたらすという理由を与えなければならないでしょう。言いかえれば、幸福に関する快楽説か客観的リスト説に訴えかけなければならないと思われます。

ここで本章の最初に戻りますが、〈経験機械〉の議論は、経験機械に繋がれた人の快楽がその人にとって価値を持たないということを本当に示しているでしょうか？　そう考えるのは行きすぎのようです。なぜならたとえ本人が欲求していない場合でも、快楽が幸福に全然寄与しないと考えるのは難しいからです。その議論はせいぜいのところ、単純な快楽説は説得力が乏しいということを示すにすぎないでしょう。

本章のまとめ

幸福に関する欲求実現説は個々人の判断を尊重するなどの長所を持っていますが、無制限にあらゆる欲求の実現が幸福度を高めると考えることは難しいので、たいていの欲求実現説論者は、実現される欲求の内容に何らかの制限を課する理想化された欲求実現説の何らかのヴァージョンを採用します。しかしそのような制限は、ありのままの本人の判断を尊重するという欲求実現説の素志に反しかねません。また欲求されない個人的な善もあるのではないかという、根本的な反論も重要です。

発展問題

ある人が「私のような罪深い者は幸せになる資格がない」と考えて、自分が不幸になることを望んだとしたら、欲求実現説論者はこの欲求をどのように説明するでしょうか？　それとも説明できないでしょうか？

第3章

客観的リスト説——幸福を構成する要素が複数存在する

客観的リスト説とは何か

ここまで「幸福とは何か？」という問題に関する快楽説と欲求実現説を検討してきたわけですが、両説いずれも長所と短所を持っていました。その短所の中でも重要なものは、快楽説によると、快楽以外にはそれ自体として内在的に善いものは存在しないことになるので、幸福を構成する内容が少なすぎ、その反対に、単純な欲求実現説によると、あらゆる欲求の実現が善だということになるので、幸福の内容が多すぎる、ということでした。客観的リスト説はこの両方の難点を避けようとします。

本書が採用している幸福（ウェルビーイング）理論の三分法は基本的にパーフィットに依拠していますが、彼は客観的リスト説を次のように定義しました。

この説によると、ある事物は、人々にとって善いものあるいは悪いものである――この人々が善いものを持とうとするか、また悪いものを避けようとするか否かにかかわらず。善いものの中には、道徳的な善さ、理性的活動、自分の能力の発展、子どもを持ち善き親であること、知識、真の美しさの意識が含まれるかもしれない。悪いものの中には、裏切られること、操作されること、騙《だま》されること、自由や尊厳を奪われること、人に苦痛を与えるのに喜びを感ずること、実際には醜いものに美的な喜びを感ずることが含まれるかもしれない。〔『理由と人格』邦訳六七五ページ〕

幸福を説明する際、欲求実現説が欲求という心理的な事実だけに訴えかけたのに対して、「客観的リスト説は価値に関する事実に直接訴えかける」（同書六七六ページ）と言われます。つまり客観的リスト説によれば、幸福の内容は人々の欲求や信念とは独立に決まっているということになります。そのことが、この説が「客観的」という言葉を冠する理由です。

そしてこの説は通常、人にとってそれ自体として善いものは**複数**あると想定しています。この特徴は「多元主義 pluralism」と呼ばれることも多いのですが、本書では次の章で検討する「多元主義」と区別して、「複数説」と呼ぶことにします。

パーフィットは引用した文章の中で「客観的リスト」の一例をあげていますが、論者によっては幸福を構成する要素として、他にも友情・愛情といった人間関係や健康、「自尊心 self-respect」や「達成 achievement」や「意味 meaningfulness」や「宗教心 religion」、そしてある種の感覚として理解された快楽（あるいはその同義語として用いられる「幸福」）といったものをあげます。（ただし「欲求の実現」は「客観的リスト」の中にはいりません。なぜならそれは欲求という主観的要素に依存するからです。）

一見してわかるように、これらの要素は内容も抽象度も明確さもまちまちです。従って客観的リスト説は一つの理論というよりも複数の理論の総称と考えた方が適切でしょう。実際英語の文献でも〝objective list theories〟という複数形が用いられるのが普通です。

ところで快楽説も客観的リスト説の中に含まれると主張する論者がいます。つまり、「快楽説とは、客観的リスト説の中でそのリストの中に快楽という単一の項目しか含まないヴァージョンのことだ」というのです。確かにそのような分類も理論上可能ですが、私は本書でパーフィットの三分法に従いました。その理由は二つあります。

第一に、快楽説は歴史的に見ても理論的に見ても大変重要な説なので、それだけを特別に扱うことが説明のために便利だからです。そして第二に、幸福を構成する「客観的リスト」の中身に関する一元説と複数説とを区別することはできますが、快楽説以外の一元説（たとえば理性を持ちそれを発揮させることだけが幸福の中身だとする、「理性説」とでも呼べるもの）は、たとえ想像できても説得的でないので、快楽説と複数説とを分け、後者を客観的リスト説としてひとまとめにする方が妥当だと思われるからです。

常識的な考え方との一致——客観的リスト説の長所（1）

次に客観的リスト説一般——その個々のヴァージョンではなく——が持つ長所を見てみましょう。

客観的リスト説は第一に、幸福な生とはいかなるものかに関するわれわれの日常的な信念と調和します。幸福な生とはいかなるものか、あるいはあなたは自分の人生の中で何を望むか？——そう尋ねられたら、多くの人があげるものは、生活への満足や快楽や健康や愛情や理性的活動や美的経験や目的達成といったものでしょう。市民世界の道徳を解明しようとしたアダム・スミスも「健康で借金がなく、心にやましいところがない人の幸福に付け加えるべきものは何もない」（『道徳感情論』第一部第三編第一章）と言いました。哲学者たちが意識して理論化してきた快楽説や欲求実現説の存在を前もって知っていなければ、幸福とは快楽と同一のものだとか欲求実現にほかならないとか答える人は少ないでしょう。つまり客観的リスト説は日常的な常識に近い見解なのです。

理論化されていない日常的信念は哲学の中でどのくらい尊重されるべきか？　これは難しい問題です。「そんな無反省な信念は無知や偏見や願望の産物であることが多いから軽視して構わない」と考える人も少なくありません。それどころか、常識から離れた奇抜な考え方を特に哲学的だとしてありがたがる人さえいます。しかし本書をここまで読んできた読者にはもうおわかりでしょうが、私は「少なくとも倫理学のような実践的な領域では、常識の判断にはそれなりの重みがある」と考えています。もし他の点では同じ程度の論理的一貫性や説明力を持つ複数の理論があったら、その中では常識に一番合致するものをとりあえず採用するのが合理的でしょう。——とはいえ、客観的リスト説を支持する常識的判断が、よく反省すれば反論に耐えないという可能性は十分ありますが。

快楽説と欲求実現説の難点を避けられる——客観的リスト説の長所（2）

客観的リスト説の長所は他にもあります。その多くは、快楽説や欲求実現説を批判する理由と重なります。

快楽説は〈低級な快楽〉や〈経験機械〉の例による反論を受けましたが、客観的リスト説の多くのヴァージョンは、パーフィットがあげたように理性的活動や知識や美の意識を含めますから、客観的リスト説によれば、問題とされた種類の快楽はほとんどあるいはまったく価値がないとして低く評価することができます。また快楽説では快楽以外のものはそれ自体として内在的価値を持たないことになってしまいますが、現実には人は快楽以外にも健康や知識などを求めているようです。客観的リスト説は「人は快楽以外のものにも価値があるからこそ、それらを求めるのだ」としてこの事態を説明します。

さらに客観的リスト説は欲求実現説の難点も回避できると思われます。前の章であげた議論をここで一々繰り返すことはしませんが、たとえば広場の草の数を数えたいという無意味な欲求や、他人を苦しめたいという悪意ある欲求が実現されても、そんな欲求の実現はいかなる客観的な善にも結びつかないし、反対に理性や道徳性という善に反すると言えるでしょう。〈見知らぬ乗客〉の健康はリストのいかなる項目にも該当しないから私自身の幸福とは無関係だ、と主張されるかもしれません。また欲求実現説は「欲求されざる善、避けようとされない悪」の存在を説明することが困難でしたが、客観的リスト説はその存在に何ら問題を見出《みいだ》しません。客観的リスト説によれば「人が特定の事物や事態を欲求する理由は、多くの場合人がその対象を善だと判断するからだが、そのような判断から独立に善いものは存在する」と考えます。

測定の容易さ？――客観的リスト説の長所（3）

最後に、これは善のリストの内容にもよりますが、客観的リスト説を取ると快楽説や欲求実現説よりも人々の幸福度を測定しやすくなる可能性があります。各人がどれだけの快楽を得ているか、あるいはその欲求がどのくらい実現されているか——これらを他人が知ることはなかなか困難です。快楽説の中でも全体的生活満足説はこの困難を乗り越えようとする試みですが、それがどの程度成功しているかには疑問が残りました。

それに対して、客観的善の構成要素として、健康や教育や栄養といった比較的測定しやすいものだけを考えれば、人々の幸福度も測定しやすくなりそうです。この事情は、公共政策の策定や実施に際して幸福度を考慮する際には大きなメリットだとみなされるかもしれません。——もっともその一方で、客観的リスト説によれば幸福の構成要素が複数存在することになるため、「それらの要素にそれぞれどれだけの重みを与えるべきか?」、また次章の後半で見るように、「個々の項目の価値を単純に足し合わせるだけでよいのか?」といった難問が発生し、快楽説や欲求実現説よりもかえって幸福度の測定が難しくなるという可能性もあります。

しかし幸福度が公共政策の指針になるべきだという前提は全然自明ではありません。幸福は信仰や恋愛や友情などと同じように個々人が追求するものであって、その内容や測定法や実現方法などに国が口を出すべきでないと考える人も多い。

そもそも「幸福とは何か?」を考えるにあたって、幸福度の測定しやすさを第一に重視するとしたら、それは本末転倒でしょう。美や道徳性や議論の一貫性などのように、測定しにくくても重要な価値はいくつもあります。幸福もそのような価値の一つなのかもしれません。

それは権威主義か?――客観的リスト説の難点(1)

客観的リスト説一般には今あげたような長所がありますが、それに寄せられる批判もまた無視できないものがあります。最初に自然に念頭に浮かぶ難点は、「客観的リスト説は権威主義的ではないか?」というものです。客観的リスト説によれば、ある人が全然望みもしないことが、その人自身にとっての善だとして押しつけられてしまうのではないでしょうか? それは国家による特定の幸福観の強制に至るのではないでしょうか?

この疑問に対しては二種類の回答が可能です。

第一は「その通り、国家は実際にある程度まで客観的リスト説に基づく幸福の押しつけを行っているし、それは正当化できる。各人にとって大切なことは、自分が幸福だとたまたま信じていることではなくて、本当の幸福であるからだ」というものです。現代のほとんどの国家は義務教育制度を採用して、子どもの保護者に対して子どもに教育を受けさせるよう義務づけていますが、それは「当の子どもが望もうが望むまいが、ある程度の基礎的知識や知的能力や道徳性や社会性は、社会のためだけでなく子ども本人の幸福のために必要だ」という想定に基づくものでしょう。その他にも、公衆衛生や医療保険の制度は「誰にとっても健康は善いものだ」という理由から税金で運営されています。「客観的リストの中には、友情や愛情のように、国家による実現が難しいものや、宗教心のように、その具体的な内容が人によってさまざまに理解されるものもあるが、それ以外の善を国家が実現することはむしろ国家の義務だ」とさえ主張されるかもしれません。

ミルは自由主義の古典とされる『自由論』（一八五九年）の中で、文明社会の成員に対しその意志に反して本人の利益のためだという理由でその人の行動に干渉することは許されない、と主張しました。それに対して、このような干渉は正当化できるという思想を「パターナリズム paternalism」と言いますが、今見た第一の回答ははっきりとパターナリズムを取っているわけです。パターナリズムには賛否両論がありますが、それが個人の選択の自由の尊重と調和しがたいことは確かです。また国家によるパターナリズムは、干渉を受ける諸個人よりも国家の方が賢明でその幸福をよく知っているという疑わしい前提にも立っています。

そのため国家的パターナリズムに賛同しない客観的リスト説論者ならば、もう一つの種類の回答に訴えかけるでしょう。それは「客観的リスト説は国家による特定の幸福の押しつけや公定に至るわけではない。それはあくまでも『幸福とは何か？』という問題への答えであって、『国家によるいかなる強制が正当化できるか？』という問題への答えではないからだ。幸福の内容が個々人の欲求や判断とは独立に決まっているからといって、国家がそれを本人の意に反してまで押しつけることが許されるという結論は出てこない」というものです。特に客観的リスト説の中でも、個人の自由とか自律といったもの自体を幸福の構成要素の中に含めるヴァージョンならば、パターナリズムを免れる余地が大いにあります。

ただこの二番目の回答を受け入れるとしても、客観的リスト説はある重要な意味で権威主義的だと言えそうです。なぜならこの説を取る人は、たとえパターナリズムに反対して個人の選択の自由を尊重はしていても、「誰かが客観的な善でないものを心から楽しんだり欲求したりして自分を幸福だと主観的に信じているとしても、その考えは間違っている。正しい客観的リストは、良識ある人ならば誰も否定できないものだ。良識のない人がそのリストに納得しないとしても、それはその人の問題であって、リストの問題ではない。リストに含まれる善を実現していなければ、その人は真に幸福とは言えないのだ」とやはり考えているからです。この「上から目線」を「権威主義的」だと呼ぶことはあながち不当とは思われません。われわれが特定の客観的リスト説の与える善のリストに魅力を感じる程度が小さければ小さいほど、われわれはそのリストを提出する論者が僭越《せんえつ》だと感ずるでしょう。(私自身は「宗教心」をリストに入れるヴァージョンについて特にそう感じます。)そのため客観的リスト説は快楽説や欲求実現説と違って、本人に訴えかける力を欠くことがよくあります。

しかしわれわれが序章で見た〈騙されている実業家〉青山さんを、本人が思っているほど幸福ではないと考えたとしたら、そのときわれわれも青山さんを「上から目線」で見ていたのではないでしょうか? 快楽説や欲求実現説に説得されない人の幸福観が、ある程度権威主義的になるのは避けられないことです。

それはエリート主義か?――客観的リスト説の難点(2)

この権威主義と一見似ていますがはっきり区別されるのは、エリート主義という性質です。ここでいう「エリート主義」とはエリートによる支配という意味ではなくて、「客観的リスト説によると、ごく限られた人だけしか完全に幸福になることができず、ほとんどの人は不十分な幸福しか得られないことになるし、さらに一部の人はどうしても不幸でしかありえなくなってしまう」という特徴を意味しています。

たとえば客観的リスト説論者の多くはそのリストの中に理性的活動を含めますが、人間の知的能力に個人差があるため、知的能力に恵まれた人は大いに幸福になれる一方、恵まれない人はささやかな幸福にしかあずかれないということになりそうです――たとえ不幸とまではいかなくても。

プラトンの『国家』の特に第九巻やアリストテレスの『ニコマコス倫理学』の最後の部分などを読むと、彼らは哲学こそ人間の活動の中で最高のものだから哲学者の生が一番幸福だと信じて疑わなかったようです。アリストテレスに言わせると、政治や軍事のような実践的な活動は何かの目的のための手段にすぎませんが、知性の活動はそれ自体が目的で自己完結しているので、人間の究極的な幸福は知性的活動にあります（『ニコマコス倫理学』第一〇巻第七章）。プラトンやアリストテレスの考えでは、哲学者以外の人も自分にふさわしい人間的能力を発揮すれば彼らなりに幸福になれますが、そのような幸福は哲学者の幸福に比べると見劣りする、いわば大衆的な二流の幸福なのです。

現代の客観的リスト説論者は理性以外の善も大いに尊重するせいか、たいていもっと庶民的です。彼らはすぐれたスポーツ選手や公共精神にあふれた市民や、それどころか単なる善き家庭人でも哲学者と同じくらい幸福になれると考えているようです。

しかし客観的リスト説論者がたとえそう考えたとしても、この説はやはり何らかのエリート主義を伴うでしょう。なぜなら善のどんなリストを採用するとしても、それらの善をすべて十全に達成できる人は限られているだろうからです。たとえばアリストテレスは、「容姿がはなはだ醜い、あるいは生まれが劣っている、あるいは孤独で子どものいない人はあまり幸福でありえないし、ましてやもし子どもや友人がとても劣悪だったりしたら一層そうだろう」（同書第一巻第八章）と言っています。

彼ら客観的リスト説論者は次のように主張するかもしれません。「万人が完璧な幸福を達成できるわけではないということは幸福に内在する性質であって、客観的リスト説のせいではない。誰もが等しい能力や天分を持っているわけではないが、それは誰の責任でもないし社会の責任でもない。人はみな自分の身の丈に合った幸福で満足するしかないのだ。」それに快楽説をとっても、生まれつき憂鬱《ゆううつ》性の人はどうしても幸福になりにくいでしょうし、欲求実現説をとっても、極めて欲の深い人はそうでしょう。権威主義と同様、いかなる幸福観をとってもエリート主義を完全に排除することはできそうにありません。

客観的リスト説にもいろいろなものがある

すでに見てきたように、快楽説や欲求実現説の中にも複数のヴァージョンがありましたが、客観的リスト説は幸福の構成要素のリストの中にそもそも何を含めるかによって内容が大きく分かれるので、前二者の説以上に多様なヴァージョンを含んでいます。そのため客観的リスト説を全体として評価することはなかなか難しい。本章のここまでで述べてきた一般的な長所と難点以上に客観的リスト説を詳しく検討するためには、理性的活動とか道徳性といった、幸福の構成要素のリストの項目を一つ一つ見てみる必要があります。

しかしそうは言っても、さまざまの客観的リスト説を次の二つの基準によって大別することは可能であり、また有益でもあります。

一つの基準は、幸福を構成する諸要素を統一的に説明する共通の性質を示そうとするか、それとも単に諸要素を列挙するだけか、というものです。前者の説は「人間本性 human nature」という観念を持ち出すことが多いのですが、それは最近の哲学文献では多くの場合“perfectionism”と呼ばれています。この説は「人間としての優れた発達こそが幸福だ」と考える立場として理解できるので、「完全主義」というよりも「卓越主義」と訳す方が適切です。この卓越主義と対照的に、統一的説明を提供しない後者の説は「列挙的リスト説」と呼ぶことができます。

客観的リスト説の分類のもう一つの基準は、そのリストの内容が人間一般に共通するものか、それとも個人差を容《い》れるものか、というものです。前者によれば幸福の内容は誰にとっても一定ですが、後者によれば個々人の性質によって内容が異なったり、ウェイトの置き方が違ったりします。前者は「種に基づく普遍主義」、あるいは単に「普遍主義」、後者を「個別主義」と呼ぶことができます。

本章では以下この二つの区分を利用しながら客観的リスト説のいくつかのヴァージョンを検討します。

アリストテレスの幸福観――「エウダイモニア主義」

客観的リスト説に対する一つの自然な疑問は、「なぜこのリストにあがるものが、そしてそれだけが、それ自体としての内在的善なのか？」というものです。その疑問に対してリストの内容の統一的説明によって回答しようとするのが卓越主義でした。

卓越主義者の多くは、「人間本性」が持っている能力が十全に実現された状態が幸福だと考えます。このような幸福観の元祖はさっき触れたばかりのアリストテレスで、彼の説は現代でも一部の哲学者に決定的と言えるほどの影響を与えています。彼は『ニコマコス倫理学』の第一巻で幸福（ギリシア語の「エウダイモニア」）。アリストテレス学者の中には、「幸福」や"happiness"という訳語は心理的状態を思わせるのでふさわしくないという人もいますが、私はそうとも思いません。序章を参照）について論じました。彼によれば、人の幸福とは人間の本性を実現するところにあります。

［幸福とは何かを明確に語ることは――引用者］人間の機能が何であるかが把握《はあく》されるときに果たされるだろう。というのは、笛吹きや彫刻家やその他あらゆる技術者、その他一般に何らかの機能や働きを持つ人々にとって、そういった機能を果たすことにその善さがあるように、人間についても、何かその機能というものがあるならば、同じことが言えると思われるからだ。さて、大工や靴職人には何かそれぞれの機能や働きがあるが、人間にはそのようなものはなくて、人間は機能がないものなのだろうか？　それともむしろ、目や手や足や一般に身体の各部分について機能が見られるように、そのようにして人間についても、これらの機能すべてとは別に、人間の機能というものを考えられるのではないだろうか？……

人間にとっての善とは、徳（「アレテー」。「卓越性」という訳もある）に即した魂の活動である。またもしその徳が複数あるならば、最も善く、最も究極的な徳に即した魂の活動である。［『ニコマコス倫理学』第一巻第七章一〇九七b―一〇九八a］

アリストテレスによれば、人間特有の機能は動物にもできる栄養摂取とか感覚的な生ではなく、理性的な活動です。だからこそ彼は知性的な活動こそが人間の究極の幸福だと言ったのです。

人の幸福とは人間らしい諸機能の達成のことだというアリストテレスの思想は、「エウダイモニア主義 eudaimonism」とも呼ばれており、今日の卓越主義の起源になっています。卓越主義は二十世紀の終わりころから倫理学の世界で勢いを盛り返してきましたが、それは「道徳・倫理の中心的な問題は『いかなる行為をなすべきか?』よりも『いかなる人であるべきか?』だ」と主張する「徳の倫理 virtue ethics」の再生と軌を一にしています。そのためでしょう、卓越主義があげる人間的善のリストの内容は、アリストテレスの考えた諸徳を現代人の価値観や感性に適合させたものと解釈できます。

アリストテレスのエウダイモニア主義に対して、それは近代科学によって否定された目的論的自然観（自然や宇宙全体が何らかの目的を持っているという見方）に基づいているとして批判する人もいます。しかし目的論的自然観を取らなくても、人間には人間独特の機能があるという発想自体は理解できるものでしょう。

「人間本性」とは何か？

卓越主義の利点は、「人間はその本性上、無生物や植物や人間以外の動物と違った独自の高い価値を持っている」という発想が一見すると説得力を持っていることにあります。このことは、多くの人が「人間性」「人間らしい生活」「人間として取り扱う」といった、肯定的な意味を持つ表現を好んで使うことからも明らかです。

しかし何がその「人間本性」なのでしょうか？　人間が他の動物と違う点はいくらでもあげられます。直立二足歩行するということ、道具を使うということ、衣服を着るということ、嘘《うそ》をつくということ、酒を作って飲むこと、等々。しかしもし直立二足歩行することが人間本性だとしたら、車椅子を使わなければ移動できない人は幸福ではありえないのでしょうか？　また時々嘘をつくことも人間本性の一つですから、嘘をつかない人は人間として欠陥があるのでしょうか？

ひとりオオカミと動物園のシカの不幸

現代の卓越主義者によると、動物にとっての善はその生物種の自然な生息環境における自己保存と生殖に役立つあり方をしていることです。そこでたとえば、オオカミは群れで協力して狩りをすることがその本性なので、ひとりオオカミはたとえ孤立して生き残れるとしてもオオカミとして欠陥のある生き方をしている、と評価されます。またシカは捕食者から逃れるために速く走れることがその本性だから、動物園のシカの一生はたとえ安泰で苦労がないとしても悪いものだそうです（フィリッパ・フット『人間にとって善とは何か』第二章「自然的な規範」）。

ひとりオオカミや動物園のシカがこの説を聞いたら「余計なお世話だ」と腹を立てるでしょうが、自己保存と生殖への寄与というこの基準は、人間を含む動物一般にとってある程度の説得力を持っています。もっとも生殖能力は動物の個体よりもその種全体の保全と繁栄に関係するので、個体の幸福と直接結びつかないかもしれません。しかし少なくとも自己保存の方は、生きているよりも死んだ方がましだというほど不幸な人や動物を例外として、誰にとっても幸福（それが何を意味しているにせよ）の不可欠の条件です。すると最小限、自己保存に役立つような性質が幸福のリストにあげられても不思議ではありません。（しかしそのような性質を持っていなくても十分生きている、ひとりオオカミや動物園のシカのような個体についてもそのリストが妥当するのでしょうか？　この問題については本章の最後の部分の個別主義に関する考察があてはまるでしょう。）

とはいえ自己保存の必要性は動物一般に言えることで、人間に独特の性質ではありません。そこで「人間本性」論者は理性的能力とか道徳性といった、人間以外の動物が持っていない、あるいは少なくとも人間ほどには持っていない特徴を持ち出すのが常です。ではなぜ、嘘をつくとか酒を飲むといった、とても人間らしい特徴は善のリストに入れられないのでしょうか？　その理由は自明で、理性的活動や道徳性は善いものだが、嘘をつくことや酒を飲むことは、しばしば当の本人にとっても善くないことだ、と評価されているからに違いありません。つまり卓越主義者の考える「人間本性」とは、ホモ・サピエンスだけが持つ生物学的特徴の記述なのではなく、彼らの価値判断と分かちがたく結びついた観念なのです。

私は欲求実現説を取り上げた前章の最後で、人が現実に持つ欲求の実現ではなく、さまざまの意味で理想的な状況ならば持つであろう欲求の実現こそが幸福だとする諸説に共通する問題点を指摘しました。なぜ欲求を理想化しようとするのか？　この問いへの自然な答えは「現実の欲求よりも理想的な欲求の方が妥当だからだ」というものです。同じ難点が「人間本性」論者にもあてはまります。なぜ人間本性を理想化しようとするのか？　それは理想化された人間本性の方を高く評価するからに違いありません。

しかし人間だけが持つたくさんの性質の中からそのようにして幸福の構成要素のリストを選抜するならば、最初から「道徳性や理性的活動は善いものだ」という直截《ちょくせつ》な価値判断をすればよいのであって、「人間本性」という観念をわざわざ持ち出す必要はありません。理性的活動は確かに人間に限られるとしても、かりにそれを他の動物や宇宙人が行うならその場合でも価値があるので、「人間だけができる」という理由によって善いものなのではありません。それに人間だけが持つ特徴の中には善いものもあれば悪いものもあるでしょう。

快楽は重要でないのか？

人間に固有でない、つまり「人間本性」では説明できないような幸福の要素もあります。その典型は快楽という善です。快楽と幸福とは同じものだという快楽説を取らないとしても、快楽がたいていは善いものだという発想は否定しがたいので、大部分の客観的リスト説論者も快楽をそのリストの中に入れています。しかし人間以外の動物も快楽と苦痛を感ずることができます。（もし「われわれと意志疎通できない動物が快苦を感ずるということがどうしてわかるのか？」と問う人がいたら、「われわれと意志疎通できない乳児や重症患者が快苦を感ずるとどうしてわかるのか？」と反問できます。）

また人間だけが感じられるような快楽が必ず高級だとも限らないので、快楽の価値を「人間本性」という概念で説明することもできません。たとえば他人の苦しみを見て感ずる「悪意の喜び」（ドイツ語で言う「シャーデンフロイデSchadenfreude」）は人間固有のように思われますが、これを「高級な快楽」と呼ぶのはおかしいでしょう。

では卓越主義の立場からは人間的幸福と快楽との関係をどのように説明できるでしょうか？

一つの対応は、「そもそも快楽は幸福の要素ではない」、あるいはそこまで行かなくても、「快楽は理性や道徳性といった善と比べると、幸福にとってはるかに重要でない」とするものです。たとえば古代のストア派の哲学者たちは、人間にとっての唯一の善は徳であって、有徳な人はたとえ激痛を感じていても幸福だと主張しました。また「人間本性」を持ち出す論者ならば、「快楽と苦痛の克服こそが他の動物と違った人間独特の誇るべき能力であって、ささいな快楽や苦痛を一々気にかけるような人はそのことだけで欠点がある」と言うかもしれません。それどころか、「快楽は精神性を軽視させることで人間を堕落させる一方で、苦痛は人間の不完全性を自覚させ、驕《おご》りを戒め謙虚にさせるという意義を持っている」という苦行礼賛《らいさん》の思想さえ考えることができます。

しかしこの対応は説得力がありません。少なくとも、激痛や継続する不快感が幸福を妨げるということを誰が本気で否定できるでしょうか？ それをあえて否定する態度はやせ我慢としか思えません。やせ我慢も自分の幸福観だけにとどめておけば無害ですが、それを人間一般の幸福にまで拡張するのは、はた迷惑の極みです。

もう一つの対応は、「確かに快楽は善いもので苦痛は悪いものだが、そのことは快楽と苦痛がそれ自体として幸福と不幸に結びつくという結論を正当化するものではない」とするものです。たとえば快楽説批判の中には、「快楽とは人間的な能力の発揮に付随するボーナスのような結果にすぎず、自己目的ではない」という議論があります（『ニコマコス倫理学』第一〇巻第四―五章を参照）。また「苦痛が悪いのは、それが人の関心やエネルギーを人間本来の機能や本人の目的の実現から逸《そ》らしてしまうからだ」と言われたりもします。

このような性質が多くの快楽と苦痛に認められることは否定できません。しかしだからといって、快楽が幸福を構成する要素だという主張への反論にはならないでしょう。

たとえ卓越主義に百歩譲って、人間独自の能力の発揮が幸福を増大させると認めたとしても、それに快楽が伴なわない場合よりも伴なう場合の方が一層幸福だと主張することができます。またアイスクリームのおいしさとか暑い日に涼しい空気に当たった時の快さといった単純な感覚的快楽は、そもそも人間的機能の実現の随伴物として理解することが困難です。苦痛の悪さについても同じような反論ができます。確かに苦痛は能力の実現を妨げるといった有害な影響を及ぼしますが、そのような道具的な反価値性を別にしても、苦痛はそれ自体として悪いもので幸福度を減少させると考える方がよほど素直な見方です。

結局卓越主義は多くの人を納得させるような仕方で快楽の善さと苦痛の悪さを説明することができません。

「人間本性」にこだわるべきではない

以上の考察からわかるように、「人間本性」という観念を持ち出して客観的リスト説を正当化しようとする卓越主義の主張は失敗に終わります。アリストテレスの徳の倫理学は「勇敢さ」とか「節制」とか「名誉心」といった十数の諸徳の個別的説明においては貴重な考察を数多く含んでいますが、「人間固有の機能」という観念にこだわりすぎた点が間違いでした。

「人間本性」の卓越主義の主張が昔から現代に至るまで多くの人によって支持されてきた大きな原因は、「人間が現実に持っている善い諸性質（理性的能力など）」と「〈人類の一員である〉という性質」との混同、そして何よりも人間中心的世界観にあるでしょう。

センの潜在能力アプローチ

卓越説の（もっぱら批判的な）検討を終える前に、「潜在能力アプローチ」と呼ばれる説に触れておきましょう。第1章で引用した経済学者のアマルティア・センは、人間の福利・ウェルビーイングに関する主観主義（ここでは快楽説と欲求実現説の両方を意味します）を批判して、「ケイパビリティーズ・アプローチ capabilities approach」を提唱しました。それによれば、ウェルビーイングは、人がさまざまの財によって実現できる機能（functioning）の集合によって評価されるべきです。そのような実現可能な機能のことをセンは“capability”と呼び、これは日本語で「潜在能力」と訳されています。

潜在能力アプローチは開発経済学（発展途上国の経済開発を研究する応用経済学）の領域で大きな影響力を持っており、国連の「人間開発指数 Human Development Index」という指標もこのアプローチに基づいていると言われることがあります。

このアプローチは幸福の哲学の領域でも注目されていて、卓越主義の一種として分類されることが多いのですが、私はむしろ後で述べる列挙的リスト説の一種とみなす方が適切だと思っています。なぜならセン自身はさまざまの潜在能力を統一的に説明するために「人間本性」といった原理を提出していないからです。いやそれどころか、センは諸潜在能力の内容を特定することにさえあまり関心を払っていません。彼は栄養とか健康状態とか社会参加とかいった例をあげることもありますが、具体的なリスト作りは民主的政治の任務だと考えているようです。

潜在能力アプローチのもう一つの特徴として、能力の現実化や達成ではなく、まさに「**潜在能力**」に着目していることがあげられます。たとえば社会に参加する能力を持っていてもその意志がない人はたくさんいますが、このような人も潜在能力アプローチによれば十分に幸福です。ただしある能力や機能が行使可能であるだけなのか、それとも実際に発揮されているかの区別は難しく、潜在能力アプローチをとる論者の中には能力の現実の行使の方に傾いている人もいますが、やはり基本的な発想は違うはずです。

潜在能力アプローチが持つこれらの特徴は批判を受けることもあります。批判者はこう言うかもしれません。――統一的原理が与えられなければ複数の潜在能力の内容は不明確なままにとどまるし、そもそも是非を検討することさえ難しい。それに個人の幸福・ウェルビーイングの評価において大切なのは、単なる可能性ではなく現実化のはずだ。たとえば健康である潜在能力を与えられていてもそれを利用せずに重病にかかった人の福利が高いとは言えない――。

しかし潜在能力アプローチが一次的にはウェルビーイングや幸福といった概念の分析ではなく公共政策への指針の提供を目的としているという事情を考慮すれば、そういった批判に答えることができるでしょう。

第一に、政府にふさわしい任務は積極的に人々を幸福にすることではなく――そんなことは無理な相談でしょう――最小限度の品位ある生活を送るための条件を確保することだと考えれば、潜在能力の内容を、大部分の人が必要だと認めるような基礎教育や衛生環境にとどめることには十分な理由があります。この内容の決定に際して特定の統一的説明原理は必要ないでしょう。潜在能力アプローチは、「人間にとっての善」の統一理論というよりも、公共政策の指針です。ここからわかるように、潜在能力アプローチを幸福に関する客観的リスト説の一種として理解すること自体がやや強引かと思われます。

もう一つの点としては、客観的リストは手段的な善ではなくそれ自体としての内在的な善のリストとして意図されているのに対して、潜在能力アプローチは手段的な善とそれ自体としての内在的な善との区別にこだわっていない、ということがあげられるでしょう。つまり潜在能力の中には手段としての善が含まれていても一向に構わないのです――それが人々の福利に資する限りは。

次に「ケイパビリティーズ」が「潜在能力」であって能力の現実の発揮でないことも弁護可能です。第一に個人の自由や自律を尊重するならば、潜在能力を発揮するかどうか、またどのように発揮するかは本人が決めるべきことです。また各人はそれぞれ違った性格や目標を持っているのですから、あらゆる人にとってすべての潜在能力が重要なわけではありません。ある人にとって特定の潜在能力、たとえば社会的活動は何の意味もないものかもしれません。重要なことは各人にさまざまの潜在能力の選択肢が開かれていることであって、誰もがそれらを実際に発揮することではないのです。

列挙的リスト説の問題点

これまで述べた理由から卓越説がとれないとなると、客観的リスト説論者は列挙的リスト説によらざるをえないようです。それは内在的な善のリストの項目を統一的に説明しようとしません。しかし客観的リスト説はまさにこの点で批判を受けがちです。たとえば今日の幸福=ウェルビーイングの哲学の代表的な研究者で『ウェルビーイング』という概説書を書いたベン・ブラッドリーはこう書いています。

善きもののいかなるリストが与えられるにせよ、多くの人が問題視する多元論の一特徴がある。このリストにはなぜこれらのものがあって、他のものがないのか？　多元論は原理上この問いに答えられない。ただリストがあるだけだ——それで話は終わる。なぜこれらのものがリストにあるのかについて答えがあるとしたら、その答えは統一理論を提供するだろうが、それは多元主義者が斥《しりぞ》けるものだ。そうすると、多元論者はわれわれが本書を始めた時の問題に本当は答えていないようだ。われわれは〈なぜあるものはわれわれにとって善く、他のものはそうでないのか〉の説明を求めたのだが、多元論者はそのような説明を提供しないようだ。（Bradley, *Well-Being*, p. 67）

列挙的リスト説論者はこの批判に対して、「客観的リスト説だけでなく快楽説や欲求実現説もこの批判を免れない」と答えることができます。これらの説を取る論者も、「なぜ快楽や欲求実現が本人にとってそれ自体として善いものなのか？」と訊《き》かれたら、客観的リスト説以上に満足すべき回答を与えられないでしょう。観察や測定の容易さといった、どちらかというと副次的な考慮を別にすると、快楽説にせよ欲求実現説にせよ、結局は「どう考えてもそれを善いものだと信じざるをえない」という、それ以上遡《さかのぼ》れない直観的判断に基づいているようです。同じようにして、たとえば「なぜ理性的能力は基本的な善なのか？」と問われたら、「どう考えても理性的能力は善いものだと信じざるをえない」と答えることは不当ではないでしょう。結局のところ、これらの根本的な判断の成否は、それ自体としての説得力にかかっているのです。

結局「幸福」という観念が「本人にとって善いもの」というごく抽象的なレベルでしか統一的性質を持っておらず、それ以上分析できないという事情は、他の価値の観念についても言えそうです。たとえば「美」という価値をとってみましょう。風景の美しさ、容貌の美しさ、建築物の美しさ、舞踊の美しさ、音楽の美しさ、詩歌の美しさ――これらに共通する性質は、それを見たり聞いたり読んだりする者に喜びを与える（傾向がある）という以外にはないでしょう。

しかしもしそうだとしても、幸福に関する客観的リスト説は、快楽説や欲求実現説に比べて一層大きな困難にさらされます。なぜなら後者の二つの説の場合、快楽あるいは欲求実現という**一種類のもの**の善さだけを認めさせるだけで足りたのに、客観的リスト説はそのリストにあがっている**すべてのもの**の善さを納得させなければならないからです。客観的リスト説のあるヴァージョンが、たとえば十種類の基本的な善をリストにあげたら、その説は快楽説よりもたくさんの主張を正当化しなければなりません。

リストの項目の中には多くの人にとって説得力のあるものもあれば、そうでないものもあるでしょう。だから列挙的な客観的リスト説を評価するためには、本章の冒頭で行ったような一般的な検討だけでなく、個々のリストの項目の個別的検討も必要になります。

列挙的リスト説のもう一つの問題点として、幸福の複数の要素にどれだけのウェイトを与え、総合的な幸福度を判断するか、その方法が明確でないという点があげられます。快楽説や欲求実現説ならば、快楽の大きさとか欲求の強さといった一元的尺度を与えることができますが（もっともその定量的測定は困難です）、客観的リスト説の場合、知性と健康と友情といった、それぞれ異質な要素をどうにかして総合判断しなければなりません。

それだけでも困難なのに、しかもその際、個々の要素が幸福に寄与する程度を単純に足し合わせるだけでよいのか（加算説）、それとも複数の要素の関係によって一層加算したり割り引いたりすべきなのか（有機的全体論）、という問題があります。ただしこちらの問題は次の章で検討する折衷説にも共通する課題なので、そこで触れることにします。

〈二つの生活〉

話を元に戻して、客観的リスト説の幸福の構成要素にあげられる諸項目の検討のためにはいかなる方法を取るべきでしょうか？　適当と思われる一つの方法は、その項目を含むか含まないかという相違以外はそっくりの二つの生活や人生を比較するというものです。もしその項目を含む生活の方が善いと思われれば、それを内在的善の一つに含めることには説得力があるし、そう思われなければ、善の中に含めるべきではないでしょう。

ただしこの方法を取るときは、道具としての善とそれ自体としての善＝内在的な善とを注意して区別しなければなりません。ある善いものが、それよりも根本的な善いものをもたらすという理由だけで善い場合、それは道具としての善であって、内在的善ではありません。たとえば健康が善いものだということはだれしも否定しないでしょうが、健康が苦痛や不快感を減少させ快楽をもたらすというだけの理由で善いものならば、健康の善さは快楽説で説明されます。また健康である方がより多くの欲求を実現できるという理由を持ち出すならば、欲求実現説でも説明できます。健康がそれ自体で幸福をもたらすと言えるためには、「かりに快楽や欲求の実現の程度は同じでも、より健康な状態にある方が一層幸福だ」と言えなければなりません。

この〈二つの生活〉という方法を実際に使って、幸福のリストにあげられる項目を検討してみますが、リストにあげられる候補のすべてを取り上げる余裕はありませんから、それらの代表として、「知識」と「道徳性」と「快楽」という三つのものを考えることにします。この三つは「真善美」という古典的な三つの価値に大ざっぱに対応します。

ただしすでに見たように、「他の条件が同じならば、より大きな快楽を含む生活の方が善い」という判断は否定しがたいと思われます。そこで快楽は〈二つの生活〉というテストを無事通過したと判定して、残る二つの項目に移りましょう。

知識は客観的に善いものか？

多くの哲学者は、知識あるいは正しい信念（この両者が同じものかどうかは、認識論と呼ばれる哲学の領域の重要問題ですが、とりあえず同一だと想定しておきます）を持っていることは、その実用的な効用を別にしてもそれだけで善いことである、と考えてきました。そうすると、他の点が同じならば、知識を多く持っている人はそれだけ一層幸福だということになりますが、はたしてそう考えられるでしょうか？　次の例を想像して下さい。

〈ビジネスライクな事典編集者〉　出版社に勤める酒田さんは大冊の世界史事典の編集を担当することになった。酒田さんはその仕事のために自分でもたくさんの資料を参照し、すべての原稿に入念に目を通して内容をチェックした結果、古今東西の歴史について膨大な知識を頭に入れた。ただし酒田さんはもともと歴史に関心がなかったため、その過程で喜びを得たわけではない。だが彼はものを調べたり記憶したりすることが苦にならない性質《たち》なので、特に不満を感じたわけでもない。要するに、酒田さんは与えられた仕事を熱意も倦怠《けんたい》もなく淡々とこなしたわけである。彼はこの事典の仕事が終わると、歴史の知識が必要とされない文芸書を担当することになったので、ちょうどＵＳＢメモリが取り外されたパソコンのように、事典編集を通じて蓄えてきた世界史の知識をすっかり失ってしまった。今の酒田さんは「十二表法」がいつどこで作られた法律であるかさえ覚えていない。

世界史事典を担当していた時と現在では、酒田さんの生活状態に重要な違いはないとしてみましょう。ただ一つの大きな相違は、彼が以前は歴史について膨大な知識を持っていたのに、今ではそれを全然持っていないということだけです。さて酒田さんの幸福の程度はこの二つの時期の間で変化したのでしょうか？

もし知識が幸福を構成する要素の一つだとしたら、主観的な満足や健康や経済的豊かさや社会的地位などに変化はなくても、大量の知識を失った現在の酒田さんの幸福度は減少したことになりますが、そのような判断に同意しない人は多いでしょう。

その原因は酒田さんの歴史の知識がつけ焼刃だったことにあるのでしょうか？「本当に価値ある知識とは、単なる頭の中だけの情報ではなく、本人の身についた認識と実用の能力でなければならない」と言われるかもしれません。

では次の例はどうでしょう。中国戦国時代の思想家・荘周の著作とされる『荘子《そうじ》』には、〈三年間かけて竜を殺す技を学んだが一生その技を用いる機会がなかった男〉という話があります（『荘子』第三十二「列御寇篇《れつぎょこうへん》」）。この潜在的なドラゴンスレイヤーが、かりにその三年間を無為に過ごして何も学ばなかったとしたら、竜を殺す技を学んだ場合よりも幸福度が小さかったでしょうか？　知識を客観的リストの中に入れる論者ならばそう考えるはずです。

「竜を殺す技」という大変な知識と技能の集積は、たとえ何の役に立たなくても本人を豊かにする、と彼らは言うでしょう。しかしその一方で、「知識というものは、何かの役に立つか、そうでなければ知ること自体が楽しいからこそ価値がある。本人が何ら自発的な興味を持たず、また役にも立たない知識を持つことには何の意味もない」と考えて、知識それ自体の価値を認めない人も多いでしょう。どちらの判断が説得的でしょうか？

あるいは、「あらゆる知識が等しく価値を持っているわけではない。トリヴィアルな知識はどうでもよい。重要な事柄に関する知識だけが、その重要さに相当する価値を持っていて人を幸福にするのだ」と主張する人もいるでしょう。では何が「重要な事柄」なのか？　学問的に重要な事柄でしょうか、それとも本人自身の生き方にとって重要な事柄でしょうか？（後者の場合、その知識は「知恵 wisdom」と呼ぶ方が適切でしょう。）そのいずれにせよ、やはり本人がその知識から何の喜びも得ない場合でも幸福になったのでしょうか？

これらの問題への答えは読者にお任せして、もっと熱心に論じられてきたテーマに移りましょう。

道徳性と幸福の微妙な関係

人間にとっての善のリストにあげられる項目の中でも、道徳性は古来多くの関心を――あえて言えば、他の項目と比べて過剰なまでの関心を――集めてきました。（なお「道徳性とは何か？」自体が倫理学上論争の対象ですが、それは本書の主題ではないのでここでは触れません。とりあえず、理由もなしに人を傷つけたり苦しめたりしない、人の財産を盗まない、人を騙さないといった、誰でも賛成しそうな最小限の普遍的な原理だけに限定しておきます。）道徳性あるいは美徳は幸福の構成要素の一つ、いやそれどころか不可欠あるいは最重要の構成要素でしょうか？　多くの哲学者は自分の考える道徳や正義を擁護したいという動機からか、この問題に肯定的な回答を与えるために、かなり強引な議論を行ってきました。

古典的な例は『ゴルギアス』や『国家』のプラトンです。両方の対話篇の大枠をなす問題は「正しい人は常に幸福か？　不正な人は不幸に決まっているか？」というものですが、いずれの対話篇も、主人公をつとめる「ソクラテス」（歴史上の人物としてのソクラテスと区別された、プラトンの対話篇の登場人物としてのソクラテス）が、この問題に否定的回答を与える不道徳家たちを「完全論破」して道徳と幸福との不可分の関係を証明する、という体裁になっています。

その際に「ソクラテス」が訴えかける議論は、単純化して言えば「正しい人の内面は欲求や感情の間で調和がとれているから平静だが、不正な人の内面は不調和のためにかき乱されている」というものです。しかし実際には、内心の葛藤に苦しむ善人や聖人もいれば、何のためらいもなしに悪をなす人もいるでしょう。また調和のとれた心理的状態だけが幸福をもたらすわけでもありません。重大な真理を発見した科学者や傑作を完成させた芸術家や苦しい恋をようやく成就させた人の心は決して平静でないでしょう。「ソクラテス」の議論は隙の多いものでした。

しかし「道徳性は幸不幸を決定する最重要の要素とまでは言えなくても、客観的善のリストの不可欠の一項目だ」と考える人なら多いでしょう。その主張を検討するために次の例を考えてみて下さい。

〈品行方正な利己主義者〉 清水さんは自分の利益の最大化だけに関心を持っていて、行動の道徳性それ自体は全然気にかけていない。だからといって彼女は道徳に反抗しようとしているわけではなく、単に道徳に無関心なだけだから、不道徳（immoral）というより無道徳（amoral）と呼ぶ方がふさわしい。むしろ清水さんは他人への妬《ねた》みとか恨みといった、いかにも人間的な負の感情を持たず、誰に対しても苦痛や不愉快を与えることを楽しんだりしないという点では、多くの人々よりも不道徳でないとさえ言える。さらに彼女は周囲の人々との関係や信用を損なうことをとても嫌っているので、人から後ろ指をさされる恐れがあるような行動は決してしない。その結果、今や清水さんは堅実な社会的・経済的地位を得て不満のない生活を送っている。

また清水さんαという人もいて、この人は清水さんと同じような行動をして同じような生活を送っているけれども、それは主として道徳への配慮から来ているので清水さんのような純粋な利己主義者ではない、と想定します。清水さんαの方がはるかに普通の人でしょう。さらに〈二つの生活〉の方法を完全にするために、将来もこの二人は死ぬまで同じような生活を送ると仮定します。

では清水さんαは清水さんよりも道徳的である分だけ一層幸福でしょうか？　そうだと考える人も多いでしょう。そしてわれわれは、自分の親族や友人が清水さんの生を送るよりも清水さんαの生を送る方を望むでしょう。しかしその理由は何でしょうか？　目につきにくいけれども清水さんαの方が周囲の人々や社会全体のためになっている、というのが一つのありそうな理由です。おそらく清水さんαは人目に触れない善行をしばしば行うでしょうが、清水さんはそんな自分にとって無駄なことをしません。しかしこの理由は社会全体の福利には関係しても、この二つの人生の幸福度とは関係ありません。われわれが清水さんαの生の方を選好するとしても、それは本人の幸福以外の理由によるものなのです。

あるいは、「清水さんαはその道徳性のために、清水さんが持てないような種類の喜びを感じられる」と言われるかもしれません。しかしかりにそうだとしても、清水さんは道徳への配慮を持たないために、清水さんαが享受できないような喜びを感じられるということがあるかもしれません。あるいは道徳性ゆえに感ずるような苦しみ（良心の呵責《かしゃく》・罪悪感など）から解放されているかもしれません。

それだけではありません。二人が持つであろう喜びの相違に訴えかけるこの議論は、もはや客観的リスト説ではなくて快楽説を暗黙のうちに採用しているようです。客観的リスト説の内部にとどまるためには、たとえこの二人の快楽の量が同じでも、清水さんαの方がその道徳性のゆえに一層幸福だ、と判断する必要があります。

ではそれ以外に、道徳性が幸福の構成要素だと信ずべき理由はあるでしょうか？

「人間本性」の中に道徳性を含めることによってそう主張する論者もいます。しかし「人間本性」の観念に訴えかける卓越主義の難点はすでに指摘した通りです。

それに現実の人間の中には快苦を感ずる能力や理性的能力を全く持たない人物はめったにいませんが、道徳への〈道具的でない〉内在的関心をほとんどあるいは全く欠いた人は世の中に少なくないのではないでしょうか？

多くの人は幼児のころから「私のもの」と「人のもの」を区別しており、所有権の原始的な感覚を持っています。またわれわれは物心のつく前から、周囲の人々によって正邪と善悪の価値判断——その中には不合理なものや相互に矛盾するものもたくさんありますが——を教え込まれながら成長し、社会化されてきましたから、道徳性はいわばわれわれの「第二の天性」になっています。それに加えて、人間社会の存続のためには、慣習的な道徳ではなくても何らかの最低限度の道徳の順守が必要です。これらの事情を考えると、道徳性という候補が〈二つの生活〉のテストに合格するように思われるのも無理はありません。

しかし世の中には「ソシオパス」とか「サイコパス」と呼ばれる人々もいて、彼らは道徳というものが何であるかを頭では理解していても、道徳への配慮の念を持っていないようです。〈品行方正な利己主義者〉清水さんも「ソシオパス」に属するでしょう。知的関心を持たない人にとっては、どんな知識も学問も手段としての価値しか持たないのと同じように、このような人々にとっては、道徳も自己利益実現のための手段的価値しか持たない――それどころか、時にはその目的達成の妨げになる――のです。

「ソシオパス」や「サイコパス」の道徳性の欠如は他の人々や社会にとっては嘆かわしいことですが、だからといって彼らは道徳性を持たないから不幸だという結論は出てきません。多くの人々にとって道徳性は自らの善き生の構成要素だと思われるかもしれませんが、道徳性に単なる手段的な価値しか認めない人も存在します。われわれはそのような少数者の存在を無視してはなりません。

そもそも道徳というものの存在理由を考えてみると、「その主要な任務は、行為者以外の人々の利益を守ることであって、行為者に対してはその生まれつきの性向や自発的な行動の傾向を規制するものとして現われる」(J・L・マッキー『倫理学』第五章第一節)という、有力な見解があります。もしこの見解を取るならば、社会の中で道徳が広く一般に実現されることはほとんど万人の利益になりますが、それでも道徳の命ずることが行為者の利益に反するという事態はありふれているはずです。

アリストテレスもその正義論の中で、正しい人は(自分ではなくて)他人にとって有益なことをするので、あらゆる徳の中でも「正義」だけが「他者のものである善」とされる、と指摘しました（『ニコマコス倫理学』第五巻第一章末尾近く）。アリストテレスの言う「正義」はここで言う「道徳性」とほぼ重なります。

「誰のためになるか？」という点において、道徳性は理性的能力や知識や健康といった客観的リスト説の他の多くの候補と大きく異なっています。後者はたいていの場合、それらを持っている本人のためになるものですが、道徳性は一次的には他の人々の利益のためのものです。道徳性が直接本人の利益になるとしたら、それは行為者が道徳をすでに内面化して身につけている場合に限られます。（だからこそ、われわれは人が道徳的であることを強く望み、道徳性に欠ける人を非難するのです。）それゆえ理性的能力や知識や健康などに比べると、道徳性は幸福の構成要素の中に含めるべき理由が乏しいように思われます。

以上の考慮を総合すると、「道徳性を幸福の構成要素の一つに入れることは、決して自明ではない」という、意外と思われるかもしれない結論が出てきます。

その他の項目

客観的リスト説の主張者たちは、知識や道徳性や快楽以外にも、理性的能力、友情、意味、達成、宗教心、健康、美の観照といった多くの基本的善の候補をあげてきましたが、ここではそれらを一々検討する余裕がありません。読者の皆さんは関心があればどうか自分で考えてみて下さい。

しかし私はこれらの項目が幸福の構成要素として誰にも異議なく認められるかどうか疑わしく思っています。なぜならほとんどの候補は、かりに〈二つの生活〉のテストを一見通過するとしても、次のような問題を抱えているからです。
○その項目が何の喜びも伴わなかったり、本人がそれを欲していなかったりしたら、それは幸福に資すると考えられるだろうか？　つまり、それらが本人にとって価値を持つのは、快楽をもたらすとか欲求の対象であるという理由によるのではないか？　もしそうならば、それらの価値は快楽説か欲求実現説によって説明される。――この懸念はたとえば「友情」にあてはまります。
○そのものに価値があるという判断は多くの人に共有されているだろうか？　また合理的な反省に耐えるものだろうか？――この懸念はたとえば「宗教心」にあてはまります。
○その項目の内容はあまりにも漠然としているため、分析されるべき元来の対象である「幸福」とか「福利」といった概念と区別できないのではないか？――この懸念はたとえば「意味」にあてはまります。

私の見るところ、これらの難点を一番うまく免れているのは「快楽」です。ここに快楽説の強みがあります。

普遍主義か個別主義か？

これまで見てきた客観的リスト説の大きな難点は、それらが提示する善のリストの中には個々人にとって内在的な価値がほとんどないように思われるものがあるため、それだけ説得力が乏しい、というものでした。この難点を避けるためには、人間一般に妥当する画一的なリストを提供する普遍主義に替えて、個々人の特性に合わせたきめ細かなリストがあると考える個別主義をとることができます。たとえば学者肌の人にとっては知識や理性的活動が幸福の不可欠の構成要素ですが、淋《さび》しがり屋の人にとっては友情や家族愛がそうであり、また活動的なアウトドア派の人にとっては身体的健康が何よりも重要であり、道徳性は多くの人々にとっては不可欠でも、〈品行方正な利己主義者〉にとってはそうでない、というふうにです。

現実の人々が多種多様な性格や資質や目的を持っているという自明の事実を考えれば、幸福の構成要素のリストが人類全員にとって定食のメニューのように決まっていると考えるのはもっともらしくありません。また普遍主義よりも個別主義の方が、本章の最初で言及した、「権威主義」および「エリート主義」という客観的リスト説の難点を小さくできます。両者の難点はリストの内容が訴求力や実現可能性を持たないという事実から生ずるものでしたが、リストを個別化することによって、個々人にとっての訴求力と実現可能性が増すからです。

以上の理由から、私は客観的リスト説の中では普遍主義的ヴァージョンよりも個別主義的ヴァージョンの方に説得力を感じます。

この個別主義的ヴァージョンの客観的リスト説と前章で見た欲求実現説は、ともに個々人の個性を重視するため、具体的な適用の場では同じような結論に至ることが多いでしょう。しかし両者は区別しなければなりません。欲求実現説は「本人が（理想的な条件下で？）欲求する内容が実現されることが幸福だ」と主張するのに対して、個別主義的客観的リスト説は「本人が欲求するか否かにかかわらず、その人にふさわしい幸福の内容は客観的に決まっている」と想定しているからです。後者の説を取る人は、たとえばある人が一生独身で通すことを望んでいるとしても、適当な相手と結婚する方が本人にとって幸福だと判断するかもしれません。だからそれはやはり「客観的」リスト説の一種にとどまるのです。

本章のまとめ

幸福に関する客観的リスト説は快楽説と欲求実現説の持つ難点を避けることができ、常識的な幸福観と調和する点もありますが、権威主義とエリート主義という、批判されがちな性質も持っています。客観的リスト説はリストの内容を説明する統一的原理を提出するか否かによって、「卓越主義」と「列挙的リスト説」に分類でき、またそのリストの内容が人間一般に共通するものか個々人によって個別化されるかによって、「普遍主義」と「個別主義」に区別することができます。私が行った検討の結果は、その中で列挙的リスト説と個別主義を相対的に支持するものでした。しかし客観的リスト説を評価するためには、そのリストの個々の項目を検討する必要があります。

発展問題

卓越主義の一種として、「人間本性」の代わりに「人間の尊厳 human dignity」を持ち出す議論があります。その説によれば、幸福とは「人間の尊厳」を構成するような能力を発揮すること――たとえば、自律的に生きること――です。この説はどのように評価できるでしょうか？　またこの説は「種の普遍主義」と「個別主義」のどちらと結びつきやすいでしょうか？

第4章

折衷説——これまでのどの説も部分的にしか正しくなかった

折衷説に至る道

客観的リスト説は快楽説と欲求実現説の両者の欠点から免れているだけでなく、それ自体として説得力を持ってもいましたが、その一方克服しがたい難点をいくつも抱えていることがわかりました。結局これら三つのどの説も、純粋な形では受け入れにくいようです。すると自然に念頭に浮かぶのは、これらの説のいいとこ取りをする折衷説です。実際、第1章で紹介した「快楽の質」という観念を持ちこむミルの功利主義や、第2章で欲求実現説の一ヴァージョンとして言及した「経験的欲求実現説」をはじめとする数種類の理想化された欲求実現説も、折衷説の一種として理解することができます。

本章はそれら以外にも折衷説のさまざまのタイプを紹介します。

ここで最初にお断りしておくと、本章は前章までの議論を前提にしているため、内容がこれまでよりも少々難しく感じられるかもしれません。そのような読者は、快楽説と欲求実現説と客観的リスト説、それぞれの長所と難点に立ち戻りながら読み進んで下さい。

ハイブリッド説——折衷説その一

折衷説は二種類に大別することができます。その一つのタイプは「ハイブリッド説 hybrid

theories」です。これはパーフィットが快楽説と欲求実現説と客観的リスト説の三分法を行った際にすでに提出していたもので、その当時はあまり関心を集めなかったようですが、最近よく論じられています。

パーフィットは前記の三説を検討した後でハイブリッド説に言及しました。それは「これらの衝突する諸理論の中の一番説得的なものを結合したものだと主張できる」ような理論です。その説によれば――

> ある人にとって善いことは、快楽説論者が主張することだけでもなければ、客観的リスト説が主張することだけでもない。われわれは、これらのうちの**片方**を持っていても、**他方を持っていなければ**、われわれが持つものには全然あるいはほとんど価値がないだろう、と信ずることができよう。たとえば、誰かにとって善いことあるいは悪いことは、知識を持ち、理性的活動に従事し、相互的愛情を経験し、真の美を意識し、その一方でこれらのことだけを強く欲していることだ、と主張できよう。……この意見の不一致において、それぞれ片方は真理の半分だけを見ていたのである。それぞれの側は、実際には必要条件にすぎないものを十分条件であるかのように提出した。［『理由と人格』邦訳

六七九ページ］

パーフィットがこの引用文の「たとえば」以下で実際に述べているのは、客観的リスト説（のあるヴァージョン）と欲求実現説を結合した理論です。このような説が今ではハイブリッド説と呼ばれているわけです。

多元主義――折衷説その二

折衷説のもう一つのタイプは「多元主義 pluralism」で、幸福の構成要素には複数の種類のものがあるとするものです。たとえば快楽説と欲求実現説とを合わせて、「幸福とは、快楽あるいは欲求の実現のことである」と考えるのが一例です。

なお「多元主義」という言葉をこのように理解すると、客観的リスト説自体も多元主義の一種だということになります。（従って、多元主義について言えることは一般的に客観的リスト説についてもあてはまります。）しかし客観的リスト説については前の章で検討したので、本章では主として、主観主義的な欲求実現説に快楽説あるいは客観的リスト説を合わせた説を考えることにします。

図1

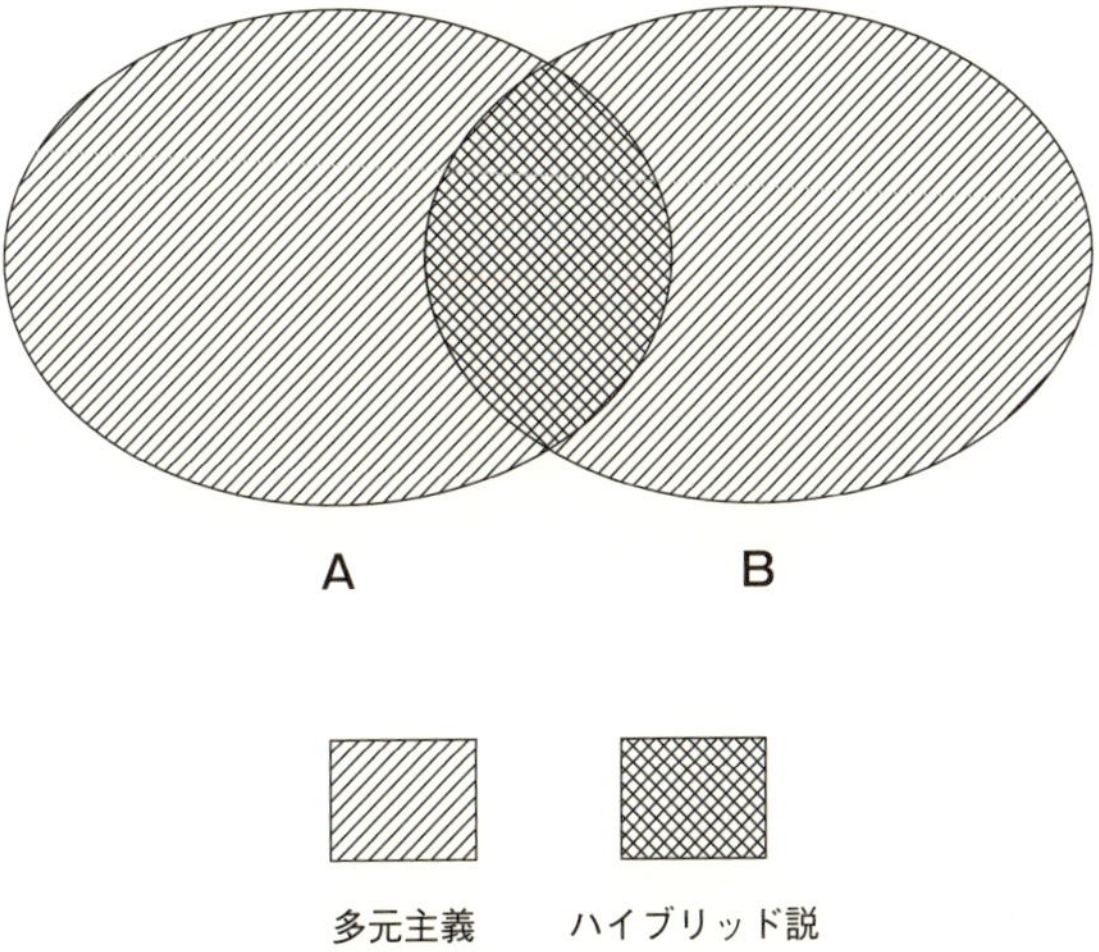

多元主義とハイブリッド説との違いは、図1によって表現できます。

たとえばA説を快楽説、B説を欲求実現説としてみましょう。多元主義によると、A説もB説もそれぞれ幸福の構成要素の十分条件を述べているのですが、ハイブリッド説によると、この両説が述べているのは幸福の必要条件にとどまり、両者の条件がともに満たされたときに限って幸福が存在することになります。別の言い方をすれば、多元主義によると幸福を構成する要素は複数ありますが（たとえば〈快楽〉と〈欲求実現〉）、ハイブリッド説によるとその要素は一種類の複合物（たとえば〈快楽を伴う欲求実現〉）なのです。

折衷説をどのように検討すべきか？

前章の最初で、客観的リスト説の中には多様な説が含まれているのでそれらを十把一からげにして論ずることは難しいと書きましたが、折衷説はさらに輪をかけて多様な説の集合です。なぜならそれは快楽説・欲求実現説・客観的リスト説の三説、あるいはそれら内部のさらに細分化された説（快楽説内部の感覚的快楽説、態度的快楽説、生活満足アプローチなど）を組み合わせたものだからです。たとえばハイブリッド説にはこれまであげたもの以外にも、〈道徳性を伴う態度的快楽〉とか〈快楽を伴う知識および理性的活動〉といったさまざまのヴァージョンが考えられます。

従って折衷説を本格的に論ずるためにはそれぞれの結びつきに即して多様なヴァージョンを見てみるべきですが、本書ではとうていそこまでできないので、折衷説を今述べたハイブリッド説と多元主義の二つに分け、両者の代表的なヴァージョンを見てみるにとどめます。そこで検討したいのは、「はたしてそれらの説はこれまで見てきた三つの説の改良版になっているだろうか？」ということです。

快楽を伴う欲求実現――ハイブリッド説の一例

快楽説と欲求実現説のハイブリッド説とは、「快楽だけでもなく、欲求の実現だけでもなく、欲求の実現に快楽が伴うことが幸福である」という考え方です。この説を略して「HDハイブリッド説」と呼ぶことにしましょう（Hは「快楽説」、Dは「欲求実現説」の英語の頭文字）。快楽は経験された感覚の一種と考えることができるので、この説は第2章で見た「経験的欲求実現説」の一つのタイプと考えることができます。

HDハイブリッド説は快楽説と欲求実現説の両方の難点を克服しようとします。快楽説にとって最大の難問は〈経験機械〉の例でしたが、この説は「経験機械が与える快楽は人が求めているものではない」という理由によって、経験機械に繋《つな》がれることは幸福でないと回答します。また欲求実現説にとっての難問の一つは、〈見知らぬ乗客〉の例に代表される、〈その実現を本人が知らない欲求〉の実現がどうして幸福をもたらすのかでしたが、HDハイブリッド説は「喜びを生み出す欲求実現だけが幸福をもたらすのであって、〈見知らぬ乗客〉の成功を願う私の欲求が自分の知らないところで実現されても、それは私の幸福とは関係がない」と主張します。

HDハイブリッド説 VS. 快楽説 VS. 欲求実現説

しかしHDハイブリッド説はそれ以外の快楽説批判に対してどう答えられるでしょうか？HDハイブリッド説は〈低級な快楽〉の反論に対して、多様な快楽を知っている人が選ぶ快楽が高級な快楽で、その反対が低級な快楽だ、と答えることでしょう。

しかし〈経験機械〉の問題について、HDハイブリッド説が本当に快楽説よりも説得的かどうかは疑問です。なぜならこの説をとり、そして本人が経験機械に繋がれないことを欲していないとすると、経験機械に繋がれた人の生には**全然**価値がないという結論になってしまうでしょうが、その判断は行きすぎだと思われるからです（第2章の末尾も参照）。

経験機械の例を想像してよく考えた結果多くの人が到達する判断は、「経験機械に繋がれた人生は現実に生きる人生の多くほど善いものではないだろうが、悲惨な人生を現実に送るよりはずっとましだ」というものでしょう。経験機械に繋がれた人生の中の快楽に何の価値もないと考えるのは難しい。言いかえれば、〈経験機械〉の例は多くの人を単純な快楽説から斥《しりぞ》けますが、それは快楽を幸福の構成要素の一つとする発想までを否定するわけではないのです。

次に欲求実現説に向けられる反論に移ります。悪意ある欲求や不合理な欲求など、さまざまの問題ある欲求の存在を持ち出す反論に対して、ＨＤハイブリッド説は欲求実現説と同じ対応をとるでしょう。つまり実現されるべき欲求を理想化するわけです。しかし〈その実現を本人が知らない欲求〉や本人がすでに持っていない単なる過去の欲求や死者の欲求については、「それらの実現は快楽を生み出さない」という理由で、単純に幸福と無関係だと判断します。後者の点でＨＤハイブリッド説の方が単純な欲求実現説に優ると考える人も多いでしょう。

しかしＨＤハイブリッド説は欲求実現説と同様、第2章の最後に述べた「欲求されない善」の反論にはやはり対処できません。なぜならそういった善は欲求の対象でないために、幸福を構成するとみなすことができないからです。この点でＨＤハイブリッド説は欲求実現説と同じ難点を抱えています。

ハイブリッド説は不幸をどう説明するのか？

ここまで検討した結果をまとめてみると、ＨＤハイブリッド説は一見した魅力にもかかわらず、その元になった快楽説および欲求実現説の両方の難点の多くを引き継いでいるため、両者と比較して特にすぐれているとは言えないようです。

それだけではありません。幸福の裏返しである「不幸」という概念に目を転じてみると、HDハイブリッド説は快楽説や欲求実現説よりも説得力が小さいように思われます。快楽説ならば苦痛が、欲求実現説ならば欲求の非実現と望まざる事態の実現が、それぞれ不幸をもたらすと考えられますから、HDハイブリッド説を不幸に適用すると、〈欲求の非実現あるいは避けようとされていた事態の実現であって、苦痛を伴うもの〉だけが不幸をもたらすという結論に至りそうですが、これは不幸というものをあまりに限定的に理解していると思われます。人が自分の避けようとしていなかったような苦痛を感ずるときも、また真剣に避けようとしてきた事態が起きたけれども特別の苦痛を伴わないときも、ともにその人の幸福度は減少すると考えるのが自然でしょう。

この事情はハイブリッド説全体に多かれ少なかれ言えることであって、HDハイブリッド説だけの欠点ではありません。

たとえば「幸福とは快楽を伴う道徳性を持っていることである」という内容のハイブリッド説を考えてみましょう。これを「HMハイブリッド説」と呼ぶことにします（Hは前述のように「快楽説」のこと。Mは「道徳性 morality」の略称）。イマヌエル・カントはある個所で、〈幸福に値するような道徳性〉と〈幸福〉の両方を持っていることが「最高善」だと言いましたが（『実践理性批判』第一部第二編第二章冒頭）、カントがそこで言う「幸福」を「快楽」に置き換えれば、彼の「最高善」とHMハイブリッド説の考える幸福とは実質的に同じものと理解できそうです。

HMハイブリッド説は、悪意ある喜びだけでなく、〈経験機械〉が与える快楽や一部の「低級な快楽」も道徳性を欠くとして、それらが幸福をもたらすとは認めないでしょう。このことは単純な快楽説よりも改善されていると評価する人もいれば、逆に改悪だと考える人もいるでしょう。この見解の相違は、単純な快楽説に対するそれらの反論にどの程度説得力を認めるかに依存しています。

さてHMハイブリッド説を不幸に適用してみると、「不幸とは苦痛を伴う道徳性の欠如である」ということになるでしょうが、おそらくHMハイブリッド説を支持する人の多くは、苦痛を伴わない不道徳性も、また不道徳性を伴わない苦痛も、ともにそれだけで不幸を構成すると直観的には感ずることでしょう――何が何でも理論的一貫性を追求しようとするなら話は別ですが。

不幸について今述べたことを一般化すると次のように言えます。――ハイブリッド説は幸福についてはある程度もっともらしいかもしれないが（ただし元の説よりも改善されたかどうかは微妙）、それを不幸の説明にまで適用すると説得力を失う。なぜなら幸福の複合的構成要素と思われるものの反対物は、他の反対物と一緒にならなくても、単独で不幸をもたらすと感じられるからだ――。そのような反対物の典型は（快楽に対する）「苦痛」ですが、他にも「避けようとされていた事態の実現」や「不道徳性」や「誤った信念」や「病気」が有力な候補に挙げられるでしょう。

ハイブリッド説論者がこの不都合を避けようとすれば、ハイブリッド説の適用範囲を幸福に限定して、その反対の不幸については別の説明をするしかないでしょう。たとえば不幸については多元主義をとって、不幸の複数の構成要素のどれ一つでも不幸を形成する、と考えるわけです。ただし幸福と不幸との間にこのような非対称性を認めなければならないという必要性は、理論としての一貫性を欠くという理由で短所だと評価されそうです。

ハイブリッド説は改善とは言いにくい

ハイブリッド説は組み合わせの仕方によって多数のヴァージョンが考えられるので、一般的な評価を下しにくいのですが、代表例としてHDハイブリッド説とHMハイブリッド説の二つを検討した結果、次のことが言えそうです。――ハイブリッド説はその元になった説の長所と短所の両方を引き継いでいることが多く、一概にそれらの改良型とは評価しにくい。さらに幸福の説明から不幸の説明に移ると、ハイブリッド説はわれわれの多くが持つ信念とそぐわない点がある。

快楽あるいは欲求実現——多元主義の一例

ハイブリッド説についてこのような消極的な評価を下してから、多元主義に移りましょう。多元主義とは、幸福の構成要素には複数の種類のものがあるとする見解でした。この見解もハイブリッド説と同様、組み合わせによってたくさんの種類が考えられるので、典型例の考察から始めるのがよいでしょう。そこで快楽説と欲求実現説とを合わせて、「幸福とは快楽あるいは欲求の実現のことである」と考えるタイプの多元主義を取り、それを「HD多元主義」と呼ぶことにします。

HD多元主義は〈快楽の質〉と〈経験機械〉という、快楽主義への二つの主要な反論に対して、「本人が欲求していない快楽も幸福度を高めるが、欲求された快楽ほどではない」と回答します。この回答は、「低級な快楽や経験機械の与える快楽は幸福を全くもたらさない」と考えるような断固たる反快楽説論者には受け入れられない一方で、断固たる快楽説論者からは妥協的すぎると評価されるでしょうが、多くの人々には説得力がありそうです。

次にHD多元主義は欲求実現説への批判にどう答えるでしょうか？　問題のある欲求のうち、悪意ある欲求、不合理な欲求、非自律的欲求などについては、HD多元主義は元来の欲求実現説とまったく同じように、「そのような欲求の実現は社会的には望ましくないかもしれないが、それでも本人の幸福には資する」と答えることもできるし、欲求を理想化することで対応することもできます。ただし後者の選択肢をとる場合でも、「問題ある欲求の実現が快楽を伴うならば幸福をいくらか増進させる」と主張するでしょう。そして〈その実現を本人が知らない欲求〉や死者の欲求や単なる過去の欲求については、「それらの欲求が実現されることは幸福をいくらかは増進させる――もっとも快楽が伴わないからその増進の程度は限られているが」と主張するでしょう。この回答もまた、欲求実現説の断固たる反対者には受け入れられないにせよ、多くの人にはある程度もっともだと感じられそうです。

こう見てくると、HD多元主義は快楽説と欲求実現説のいずれと比較しても、それらに対する反論によりよく対処できるようです。ただし「そもそも快楽（あるいは欲求実現）がなぜ価値のあるものと言えるのか？」といった、最も根本的な問題には答えられないかもしれませんが、それは元来の快楽説や欲求実現説でも同じことです。

そしてハイブリッド説の難点だった「不幸」の問題には、多元主義なら説得的な説明が与えられます。HD多元主義の場合なら、苦痛だけでも、また欲求の非実現あるいは避けようとしていた事態の実現だけでも、本人に不幸をもたらすことになります。それ以外の多元主義のヴァージョンでも、病気や誤った信念は、(程度の差こそあれ) それだけで幸福度を低下させると評価することができます。

多元主義は改善かもしれない

多元主義のさまざまの形態を調べることなしにHD多元主義だけの検討から一般論を述べることには慎重でなければなりませんが、HD多元主義について言えることは多元主義の他のヴァージョンにも妥当しそうです。それはこうです。——多元主義は、その元になった説に根本から反対する人にはやはり受け入れられないだろうし、それらの説の純粋ヴァージョンを取る人からは妥協的だと批判されるだろうが、多くの場合、元の説よりも説得的な結論に至ることができそうだ。さらに幸福の説明から不幸の説明に移ると、多元主義はわれわれの信念に調和しやすい——。

ただし注意すべきなのは、多元主義を取るとしても、幸福の構成要素が多ければ多いほどよいというわけではない、ということです。構成要素として提案されるもの（たとえば友情や知識）の中には、もっと根本的な要素（たとえば快楽）の一例として、あるいはそのための道具として、理解すべきものもあれば、単純に説得力がないものもあるでしょう。幸福に関する多元主義は、幸福度を向上させそうなものなら何でも構わずに取りこむような安易なものであってはなりません。

一足す一は二とは限らない？——多元主義の二つのタイプ

このように考えると多元主義はハイブリッド説よりも多くの人にとって受け入れやすい発想のようですが、それはさらに幸福度の判断の仕方によって「加算的 summative」な多元主義と「全体論的 holistic」な多元主義の二種類に分けられます。

加算的な多元主義とは、幸福を構成する諸要素の幸福への寄与分を単純に足し合わせて幸福の程度を判断するものであり、それに対して全体論的多元主義とは、幸福度は諸要素の幸福への寄与分の単なる総和ではない、とするものです。幸福度に限らず価値一般について全体論を明確に提唱したG・E・ムアは「全体の価値は、その部分の価値の総計と同じであると考えられてはならない」（『倫理学原理』一八節）と書きました。諸部分間の関係、および部分と全体との関係に価値があるような「全体」は、「有機的全体」と呼ばれます。全体論的価値観は特に芸術作品の場合に説得力があります。楽曲の美しさは決して個々の音の美しさの合計には還元できません。しかし同じことが幸福という価値についても言えるでしょうか？

両説の違いを次の例によって考えてみましょう。単純化のため「個人にとっての内在的な善は快楽と理性的能力だけであり、両者は同じくらい幸福度を向上させる」という客観的リスト説のヴァージョンを採用し、さらに快楽と理性的能力のそれぞれの価値を0から10までの数字で表現するとしましょう（快楽や理性的能力の価値に上限や下限があるかどうか問題ですが、それがあると想定して）。そして次の人たちの幸福度を考慮してみます。

〈三人の同窓生〉 鈴木さんと瀬戸さんと曽我さんは小学校の時からの同い年の友人である。この三人は同じ地域で同じような環境で育ったのだが、今や中年に達した彼らの生活は極めて違ったものになっている。明敏な頭脳を持つが鬱《うつ》と難病に苦しむ鈴木さんは悲観主義の哲学者になり、生活に何の喜びも感じていない。瀬戸さんは事故に遭って脳に損傷を受けたために、意識が朦朧《もうろう》として認知能力を失いながらも多幸感にひたっている。曽我さんは平凡なフリーターとして、喜びも苦しみもそれぞれ少なくない生活を送っている。各人が享受している快楽と理性的能力の価値はそれぞれ次のように査定できる。

鈴木　快楽0——理性的能力10
瀬戸　快楽10——理性的能力0
曽我　快楽5——理性的能力5

加算的多元主義をとるならば、快楽と理性的能力から三人が得る幸福の程度は同じだと評価されます。幸福度もまた0から10までの数字で表現するなら、三人の幸福度はどれも5になるでしょう。

しかし全体論的多元主義によれば結論は違ってきます。たとえば「理性的能力も快楽も、それぞれが一定のレベルに達していなければ全体として十分幸福ではありえない」と考えるなら、鈴木さんと瀬戸さんの幸福度は5よりも下、たとえば2にとどまるかもしれません。(なおすでに見たハイブリッド説は「幸福のためにはどの要素もすべて必要だ」とみなすのですから、このタイプの全体論の極限的なヴァージョンだと解することができます。それによれば鈴木さんと瀬戸さんの幸福度は0になるでしょう。）また「理性的能力と快楽の片方だけではなく、両者が兼ね備わっていることが重要だ」とか「幸福の構成要素が多様であるということも大切だ」とか考えると、曽我さんの幸福度は5どころか6や7と評価されるかもしれません。逆に「一芸重視」的に、「あらゆる要素が平凡なレベルでとどまるよりも何らかの要素においてとびぬけて高い方が善い」と考えるなら、鈴木さんや瀬戸さんの幸福度は5よりも上に位置づけられるでしょう。

全体的な幸福度判断にあたって右の段落で重視されたファクターは、特定の善の構成要素が満たすべき閾値《いきち》（最低限度）や、諸構成要素のバランスや多様性でした。他に考慮されうるファクターとしては、「複数の善がある人の生涯の中でいつ存在するか」という時間的分布がありますが、これはそれ自体でかなり大きなテーマなので、次の第5章で触れます。

複数の価値間の「ふさわしさ」

今の例であげたタイプの全体論的多元主義は、幸福の複数の構成要素の間に特別の関係を見出《みいだ》さないヴァージョンでしたが、「それらの諸要素の結びつき・関係が適切な（ふさわしい）ものであるか否かが幸福度を左右する」という発想もあります。こう言っただけでは抽象的すぎてわからないでしょうから、快楽と道徳性という善の二つの構成要素（の候補）間の関係をめぐる次の例を想像して下さい。

〈カント以上のカント主義者とその批判者〉　高橋さんはカントの『道徳形而上学《けいじじょうがく》の基礎づけ』に深い感銘を受けて以来、道徳律に従おうという善意志にいつも従って行動しようと努めている。現在彼女はある途上国の人間開発のために身を粉《こ》にして働いているのだが、同僚の千村さんは奇妙なことに気づいた。高橋さんがこの国の非人道的風習の根絶や大口の寄付金の獲得といった大きな成功を収めるたびに、彼女は丸一日食を断つのだ。千村さんがその理由を彼女に尋ねると次の回答を得た。

「私はいつも道徳律に従う正しい行動をしたいと願っています。ところが私は困難な任務に成功すると、ややもすれば快い満足感に浸ってしまうのです。満足感というものはそれ自体としては私の幸福度を高めますが、もし満足感を得ることが行動の動機になってしまったら、私は道徳的に行動していないことになります。行為が道徳的価値を持つためには、善意志に基づいていなければならないのに、情念や快楽が動機になると、その価値は不純なものになってしまうからです。そこで私は困難な任務に成功するたびに、それが私に快楽を与えて今後の（外面的には）道徳的な行動の動機になったりしないように、満足感の快さを打ち消す程度の飢餓感を自分に与えているのです。」

『実践理性批判』を読んだことがある千村さんが、「あなたはカントの思想を誤解しています。カントは正当にも、徳だけでは完全な善でなく、〈「幸福」（むしろ幸福感とか喜びと呼んだ方が適当でしょうが）にふさわしい道徳性が備わっている〉という状態こそが完全な最高善だと言いました。幸福も重要な善なのです。あなたの自己犠牲は誰を幸福にすることにもなりません。だからあなたは道徳性に加えてその満足感も持った方が善い状態なのです」と言うと、高橋さんはこう答えた。「カントがいくら偉大だったにしても、彼の著作の中には矛盾した主張や、それどころか端的に間違った主張もあるでしょう。私はカントが言ったことにすべて従おうとしているのではありません。彼の道徳哲学の中に見出される、『善意志だけが無条件に善いものだ』という洞察を徹底させているだけです。」

それに対して千村さんが「あなたは自分の道徳性を自己目的化しているようです」と批判すると、高橋さんはこう答えた。「道徳は何かのための手段ではありません。それ自体に価値があるのです。私が道徳性を自己目的化していると言って批判したつもりになっているあなたは、そもそも道徳というものを理解していないのです。」

この二人の主張を明確化するため、「幸福度は快楽と道徳性のいずれによっても向上する」というタイプの多元主義を採用することにします。これを「ＨＭ多元主義」と呼びましょう。高橋さんも千村さんもＨＭ多元主義自体には特に反対しないようです。しかし二人は道徳性と快楽の両方が結びついた際の価値について意見が正反対です。

千村さんの考えでは、道徳性も快楽もそれ自体で善いものだというだけでなく、道徳性に起因する快楽が生じた場合は両者の間に適切な関係があるという理由で、その結合は両者の単純な和よりも大きな価値を持っています。これはかなり常識的な発想でしょう。

反対に高橋さんの考えでは、快楽がいくらかの価値を持っているとしても、もしそれが道徳性の動機になってしまうと、道徳性の価値はそのために損なわれてしまうのです。それはちょうど、愛情も金銭もともに価値（手段的な価値だとしても）を持っていても、愛情に対する感謝のしるしとして金銭を支払うことは不適切であり、愛情と金銭いずれもの値打ちを損なってしまう、としばしば考えられているのと似ています。

このようにして千村さんと高橋さんの二つのＨＭ多元主義は正反対の方向を向いています

が、いずれも加算的多元主義でなく全体論的な多元主義をとっているという点では共通です。

右の例では、全体論が重視する要素は快楽と道徳性との間の「適切さ＝ふさわしさ」でしたが、苦痛と不道徳性の間の「ふさわしさ」を重視する発想もあります。

刑罰に関する「応報主義 retributivism」と呼ばれる思想は、その典型的な形態では、「不道徳な犯罪を犯した者はその犯罪の悪にふさわしい苦痛を受けることが（受刑者にとってではなくても正義の観点から）それ自体として望ましい――その処罰による犯罪予防の効果を別としても」と主張します。この発想によれば、①「犯罪が犯されない」、②「犯罪が犯され、犯人がそれにふさわしい苦痛を受ける」、③「犯罪が犯され、犯人が苦痛を受けない」という三つの状態を比較すると、①＞②＞③の順で望ましいことになります。応報主義者が、③よりも②の方が苦痛の総量が大きいにもかかわらず望ましいと評価するのは、「たとえ苦痛それ自体は悪だとしても、〈不道徳＋苦痛〉という結びつき（②）は、単なる不道徳（③）よりも小さな悪だ――積極的な善とまではいかなくても」と信じているからです。（とはいえ、不道徳性に苦痛が結びつくことで生ずる善は、その本人にとっての幸福というよりも、何か別の種類の価値だと考える方が自然でしょう。一部の応報主義者は、犯人が刑罰を受けることは犯人自身の幸福を増大させる、あるいは不幸を減少させる、と信じているのかもしれませんが、それには無理があります。）

他にも〈知識＋快楽〉の結びつきの価値、つまり知識を持つことに伴う快楽は知識の価値と快楽の価値の単なる総和以上の価値を持つと考える人や、欲求の実現に伴う快楽の方がそれ以外の快楽よりも価値が大きいとみなす全体論的なＨＤ多元主義者もいるでしょう。このように全体論的多元主義にはたくさんのヴァージョンがあります。

多元主義への不満

全体論的多元主義はわれわれの多くが持つ幸福観と調和する点があるようです。しかしそれに対しては有力な批判もあります。

複数の善の間のバランス・多様性・適切な関係——これらは幸福度を考える際、実際に考慮されているファクターかもしれません。しかしそれらを考慮に入れた場合、諸要素の価値の単なる総計ではない、有機的全体としての幸福の価値をどのように判断するかはとても難しい問題です。この問題について明確な解答を与えてくれる多元主義者はほとんど存在しないようです。それどころか、さっきの〈カント以上のカント主義者とその批判者〉の場合のように、特定の複数の善が結びつくことが全体の幸福を向上させるのか低下させるのかについてさえ、意見の対立があります。そうであれば、全体的多元主義は幸福度判断のための明確な方法や定式を提供しない限り空手形《からてがた》に終わり、その評価さえできない、と批判することができます。

同じような批判は、程度が弱いながら加算的多元主義にもあてはまります。こちらは複数の善を単純に足し合わせるだけなので全体論的多元主義よりも単純ですが、それでも複数の善をそれぞれどのように算定し、そして個々の善に幸福へのどれだけの寄与分を割り当てるべきかについて、明確な定式を与えることは困難でしょう。

そうだとすると、多元主義は幸福に関する「理論 theory」の名に値しない、単なる「見解 view」にすぎない、と評されるかもしれません。

しかしこのような不満は本当に多元主義への批判として妥当でしょうか？　加算的にせよ全体論的にせよ、多元主義者はわれわれが持っている幸福の概念を明晰化《めいせき》し、さらに首尾一貫したものにしようと意図しているだけであって、別に幸福度判断のための厳密で客観的な方法を提供しようとしているわけではありません。また幸福のような価値の大きさは厳密な評価ができず、本来的に不確定なものなのかもしれません――しかしだからといって、その評価が全くいい加減だとか優劣がつけられないということにはなりません。

もし多元主義が、合理的な人なら誰でも反対できないような公共的な判断をするための基準とか人間心理に関する経験的理論として提唱されているならば右の批判は正当ですが、実際にはそうではないのです。だから多元主義が「理論」と呼べるほどの内実を伴っていないとしても、それは致命的な欠陥とは言えないでしょう。

本章のまとめ

快楽説・欲求実現説・客観的リスト説の三つの説いずれもそれぞれ問題点があるため、それらを組み合わせた説を唱える論者もあります。このような折衷説はハイブリッド説と多元主義に二分することができ、後者はさらに加算的多元主義と全体論的多元主義に二分できます。さらにこれらの諸説は、幸福の構成要素として何を採用するかによって多数のヴァージョンに分けられますが、その元になった基本的な三つの説と比較して改善か改悪かは個別的に判断しなければなりません。ただし一般的に言って、ハイブリッド説は不幸という観念の説明において説得力が弱いように思われます。

発展問題

ハイブリッド説と多元主義のヴァージョンのうちで、本章で見た以外の例を考え、それらの妥当性を検討しましょう。

第5章

幸福と時間

——幸福度判断の時間的単位と時間の向き

時間的単位

これまでの四章では「幸福とは何か」という問いへのさまざまな解答を検討してきました。最後に本章では角度を変えて、「人の幸福度を判断する時間的単位は何か」、そして「個人の一生の全体の幸福度はどのように評価すべきか」という問題を考えてみましょう。その際に、快楽説と欲求実現説と客観的リスト説が自然に結びつく解答はそれぞれ異なったものになりそうです。

まず時間的単位という問題については、次のような諸説が考えられます。

第一の見解は「現在状態説」とでも呼ぶべきものです。それによれば、幸福度を決めるのは問題になっている時点の本人の状態だけです。この説は幸福の内容に関する諸説と次のように関係します。

人がもし快楽説を取るならば、幸福度は本人のその時の心理的内容によって決まることになりますし、客観的リスト説なら、本人が客観的に善いものをその時にどれだけ持っているかによることになります。いずれの説も現在状態説とたやすく結びつけることができます。ただしある種の客観的リスト説があげる、「達成」とか「人生の意味」といった善は、長期間、それどころか一生全体を想定しないと語れないので、現在状態説では考慮に入れにくい。

それに対して、欲求実現説を取ると、本人がその時もはや持っていない欲求や死者の欲求のように、欲求を持っている時と欲求が実現される時が異なる場合があるため、特定の時点の幸福度の測定には問題が伴います。幸福度は〈本人がその時に持っている欲求が将来どのくらい実現するか〉によっても決まるのか（それならば、幸福度が実際にわかるのはかなり時間が経ってからになるでしょうし、死後になるかもしれません）、それとも〈その時までに実現されている欲求の大きさ〉によって決まるのか（それならば、本人がすでに持っていない、単なる過去の欲求も現在の欲求と同じくらい重視されそうです）、いずれにしても直観に反する結論が出てきそうです。そのためもあってか、多くの欲求実現説論者は、満足感が伴う欲求の実現だけをカウントするのです。

ただし現在状態説が考えている「現在」が正確にいかなる時間的部分を指すのかは多様な解釈ができます。「現在」といっても、それは長さを持たない厳密な意味での時点ではないでしょう。たとえばわれわれが音楽を聴いている時、その時の音をそれだけ単独で聞いているのではなくて、一連の旋律として聴いているのが普通ですが、それと同じように、多くの経験や状態は時間的な持続の中でしか語れません。そこでここで言う「現在の状態」とは、とりあえず数秒から一日間としておきます。

現在状態説が説得力を持つのは、たとえば美しい風景に感動するとかスポーツを楽しむことで幸福になるといったときです。しかし人々はもっと長いスパンで幸福や不幸を語ることもあります。第1章の後半で紹介した態度的快楽説や全体的満足説は、おそらく現在状態説ほど時々刻々の出来事によって左右されない、もっと長い継続的な状態として幸福を考えているのでしょう。このような説は「時期説」と呼ぶことができます。この説が適切だとみなす時間的単位は、現在の本人と記憶によって密接に繋《つな》がっている近い過去も含むことになります。

時期説は現在状態説よりもずっと長い時間の経過を取り込めるので、快楽説だけでなく欲求実現説や客観的リスト説とも両立しやすいと思われますが、その「期間」の長さは一概に決められません。これには個人差が大きくて、たとえば記憶を大切にする人なら長いでしょうし、過去にこだわらない人ならば短くなるでしょう。ここではその「期間」を一日から数年の間ということにしておきます。

以上の説明では現在状態説と時期説をあえて区別しましたが、両者は程度の問題であって、その間にはっきりとした境界が引けるわけではありません。しかしともかく、「現在状態」も「期間」も個人の生涯の全体ではなくてその一部です。

また現在状態説や期間説と対照的に、個人の生涯について全体としての幸福度を評価しようとする見方もあります。この見方は、典型的には、人格というものを個々の時点の人格の連鎖というよりも、誕生から死亡までの時間的統一性を持った時空的存在として理解するわけです。それは快楽説とも両立可能ですが、欲求実現説（特に実現に時間がかかるような欲求を重視するタイプ）や、一部の客観的リスト説と一層調和しそうです。

この生涯説の中にも二種類が考えられます。一つは、幸福度の判断は誕生時から現在までを単位とすべきだとするもので、「既往生涯説」と呼ぶことができます。もう一つは、誕生から死亡までを単位とすべきだというもので、「全生涯説」と呼ぶことにします。この二つの説は、すでに生涯を終えた故人の幸福の場合には同じ結果になりますが、今生きている人の場合には違った結果に至ります。

誰しも未来のことは確実にはわからないのですから（だからといって過去のことならすべてわかるわけでもありませんが）、全生涯説を取ると、既往生涯説を取った場合よりもはるかに幸福度の判断は難しくなります。自分の死が遠くないと感じている人でもなければ、「自分の誕生から死までの一生はどれだけ幸福だろうか」という問いに自信のある解答を出せる人は少ないでしょうが、「自分のこれまでの一生はどれだけ幸福だったか」という問題に答えることはずっと容易でしょう。

だから全生涯説を取った場合、幸福度の判断は事実問題として極めて困難ですが、このことは必ずしも全生涯説を斥《しりぞ》けるべき理由にはなりません。むしろ人が実際に持つ欲求や目的や長期的計画の中には生涯全体にわたるものもある――それどころか、死後にわたるものさえある――という事情を考えると、欲求実現説や客観的リスト説（のうち、「達成」や長期的人間関係などをリストに含むヴァージョン。少し後で説明します）に一層よく調和するのは全生涯説だということになりそうです。

単位は使い分けられる

われわれは幸福度判断の時間的単位に関するこれらの説――現在状態説、時期説、既往生涯説、全生涯説――のうちどれを取るべきでしょうか？

さいわいどれかを選ばなければならないということはありません。われわれが幸福を求める理由は多様です。たとえば自分が今どのくらい幸福か不幸かを反省するときと、今すぐ何をするかを決めるときと、短期的あるいは長期的な計画を立てるときと、これまでの生涯を振り返るときでは、幸福度判断の時間的単位は違ってくるでしょう。大部分の人々にとって、瞬間的な幸福も貴重ですが、生活への満足も大切ですし、一生全体を通じた目的達成を重視する人もいるでしょう。

また自分の家族や友人の幸福に配慮するのか、あるいはその他の人々の幸福を考慮に入れるのか、その人は過去・現在・将来のどの期間に属するのかによっても、適切な時間的単位は異なってきます。われわれは自分や親しい人の幸福を考えるにあたって現在の状態や現在に近い期間を単位として採用するのに対して、歴史上の人物や統計上の人々の幸福については全生涯説の発想を取りがちです。

それに加えて、そもそも幸福とは何かに関する見解がこれまで見たようにいくつもあり、幸福の達成に貢献する要素も多様だということも考え合わせると、幸福度判断の時間的単位が一つであるべきだという考えは制限的すぎると思われます。それは場合によって使い分ければよいのです。

生涯全体の幸福はいかに評価すべきか――加算説と全体論

幸福度の一番適切な時間的単位が何であれ、生涯の幸福度を評価する際には、それは各時点あるいは各時期の幸福度の総計（あるいは平均）として見るべきだと考える人たちがいます。彼らの考え方を生涯の幸福に関する「加算説」と呼ぶことにします。それによると、その時その時では幸福であっても生涯にわたる統一性がない、断片化した一生を送る人も、各時点でその人と同じくらい幸福であるだけでなく統一性のある一生を送る人——たとえば青年期に選んだ信念とその時たてた人生計画に従って一生を送る人——も、同じ程度に幸福なのです。しかしこの判断には納得しない人も多いでしょう。そのような人は、ある人がどの程度幸福な一生を送るかは、その時々の幸福だけでなく、それが一生全体にどのように寄与したかにもかかっていると考えます。この立場は生涯の幸福に関する「全体論」と呼ぶことができます。

前章の最後では、特定の時点における幸福度について、それを複数の善の加算的総計と考えるか有機的全体と考えるかによって「加算的多元主義」と「全体論的多元主義」を区別しましたが、本章ではそのような分類を生涯全体の幸福度の判断について行うわけです。以下では、「加算説」「全体論」というときは、後者の判断に関する見解を呼ぶことにします。

生涯の幸福に関する全体論を極めて明快に述べたのは、『ウェルビーイング——その意味と測定と道徳的重要性』という本を書いた現代イギリスの哲学者ジェイムズ・グリフィンです。彼によれば、たくさんの、小さな短期的な効用［本書では「幸福」と置きかえられるでしょう——引用者］の合計によっては、われわれは生き方（ways of life）の最終的な評価に決して到達できない。生活のある領域内の自己利益的価値については、確かにこの短期的な性質の合計ができる。われわれはたとえば、この時点ではリンゴを食べるよりもナシを食べる方が快いと言える。……しかしそれは、われわれの最終的な、権威ある効用計算のモデルではありえない。そのモデルは、〈この生き方の方が、全体として、その生き方よりも善い〉という、全体的な形態をとらねばならない。［Griffin, *Well-Being*, pp. 34f.］

グリフィンがこの全体論をとるのは、理想的な欲求は高度に計画化・組織化されたものでなければならないという理由からです。全体論はそれだけでなく、一時的な出来事や状態として考えにくい長期的な人間関係や「達成」といった項目を含む客観的リスト説とも自然に結びつきます。たとえばアリストテレスはこう言っています。

われわれは、幸福な人とは究極的な徳（アレテー）に即して活動している人、そして外的な善に充分恵まれてある人、それも任意の時だけでなく生涯全体にわたってでなければならない、と言ってはならないだろうか？［『ニコマコス倫理学』一巻一〇章一一〇一a］

この文章は疑問文の形をとっていますが、アリストテレスが肯定の答えを予想していることは明らかです。アリストテレスやグリフィンは快楽説を斥けましたが、たとえば経験的快楽説を採用しながら、生涯の幸福について全体論をとることも可能ですから、以下の検討では幸福の内容について快楽説をとるか欲求実現説をとるか客観的リスト説をとるか、あるいは何らかの折衷説をとるかはオープンにしておきます。

「生涯のかたち」

全体論（反加算説）にはさまざまのタイプがあります。第一に、善が一生の中でどのように分布しているか（それはしばしば「生涯のかたち（shape of a life）」と呼ばれます）が生涯の幸福度を左右するとみなす見解として、次のような諸説が考えられます。

○ 上昇説――少なくとも、個々の時点の幸福の総和が同じだとしたら、後になるほど幸福度が上昇する一生の方が、幸福度が低下する一生よりも幸福である。

○時間的平等説（あるいは恒常説）――幸福度が時点ごとにあまり変わらない一生の方が、幸福度が時によって変動する、山あり谷ありの一生よりも幸福である。
○最期説――人生の最期の幸福度が高い一生の方が、そうでない一生よりも幸福である。
○下限説――ある一定の幸福度よりも下に落ちない一生の方が、それよりも下に落ちることがある一生よりも幸福である。
○マクシミン説――人生の中で最も低い時の幸福度を比較して、それが相対的に高い一生の方が、それが低い一生よりも幸福である。
○絶頂説――人生の中で最高の時の幸福度を比較して、それが相対的に高い一生の方が、それが低い一生よりも幸福である。

これらの説をすべて見てみる余裕はありませんから、その中でも一番よく論じられ、おそらく賛成者も多いであろう上昇説を検討してみましょう。その検討の内容は他の説にもあてはまるところが多いはずです。

上り坂の一生と下り坂の一生

ノージックの次の文章は上昇説の好例です。

誰かの一生を通じてすべての幸福をグラフに表わすとしよう。幸福の総量を垂直軸に、時間を水平軸にとる。もしもただ幸福の総量だけが問題であるならば、われわれは絶えず幸福の増大する人生と絶えず減少する人生の間、上昇する曲線と下降する曲線の間にあって、もし幸福の総量、曲線内の全領域がこの二つの場合、同一であるとすれば、無関心でいられるだろう。けれども、われわれはほとんど皆、下降するカーブよりも上向きに昇っていく線の方を好むのが普通であり、幸福が少なくなるより多くなる人生の方を好む。この理由の一部、ただの一部でしかないが、それはたぶんこうである。より大きい幸福を待ち望むことがわれわれを幸福にするのであるから、そうすることがわれわれの現在の幸福得点をいっそう高くする。(とはいえ下降するカーブをもつ人はその代わりに過去の幸福を回想するというプルースト[「私」の記憶をたどって展開する大長編小説『失われた時を求めて』の作者――引用者注]風の快楽を現在持つことができる。)[『生のなかの螺旋《らせん》』邦訳一五五ページ]

ノージックが言うように上昇説は確かに一見説得力があります。しかしそれに対しては複数の反論が考えられます。

第一に、今の引用文の最後でノージック自身示唆していることですが、われわれが上り坂の人生と下り坂の人生を想像するとき、両者は幸福の総和が同じだと仮定しているつもりでも、実際には、上り坂の人生の中にはより善い将来を期待することに伴う快楽が含まれていると想定することによって、そちらに一層大きな幸福の量があると考えているのかもしれません。もしそうだとすると、この比較は上昇説を支持しません。上昇説を支持するためには、「期待の喜びも考慮に入れた結果として二つの人生が同じだけの幸福の総和を持っているとしても、やはり上り坂の人生の方が望ましい」と判断できなければなりません。

ただしこの反論の力は限られています。確かに坂道を上がっていく人生には希望と期待の喜びがあるかもしれません。しかしまた引用文の最後のかっこ内の文章が指摘しているように、下り坂の人生には回想の喜びがあるはずです。そして期待よりも回想の方がその与える印象に具体的な手ごたえがあるという一般的な傾向を考えると、期待の喜びが回想の喜びを上回るとは一概に断言できません。（読者の皆さんは好きな人とのデートの前と後ではどちらが一層幸せでしょうか？）実際プルーストの登場人物に限らず、老人の多くは回想から喜びの多くを得ています。だから「われわれの多くが上り坂の人生の方を選ぶのは希望の喜びがあるからだ」というノージックの推測は一部の人にしかあてはまらないでしょう。

上昇説に対するまた別の反論は、「上り坂の人生が下り坂の人生よりも善さそうに思われるのは、外からの観察者の美的な観点からの判断であって、本人の幸福という実践的な観点からではない」というものです。この種の反論を提出する論者によれば、われわれは物語とか映画とか音楽といった時間的長さをもつ芸術作品を全体として評価する際に最後の部分を特に重視しますが、それと同様に、人生を評価する際にもハッピーエンドを求めるのです。たとえばわれわれは、誰かが順境から逆境に落ち込んで死んでいく一生を見るよりもその逆の生涯を見る方に喜びを感ずるでしょう。（もっともわれわれはその一方で、救いのない悲劇的な物語に美的な価値を認め、ある種の喜びを感ずることもあるのですが。）しかしそのような判断は、幸福とはまた別種の価値の判断です。幸福はあくまでもその生涯を送る本人にとっての価値なのですから、本人の内からの見方が重視されるべきでしょう――本人の見方だけが決定的だということまでは、〈偽りの快楽〉の例からして言えないとしても。

しかしこの反論も決して決定的ではありません。下り坂の人生よりも上り坂の人生を選ぶ人は、別にこの二つの人生を外から美的に観察しているつもりではなくて、純粋に実践的な問題として、自分がこの二つの人生のうちどちらかを選べるとしたら上り坂の人生を生きたいと望んでいるのかもしれないからです。これはまさに内側からの幸福度判断に基づく選択です。

上昇説へのもっと説得力があるかもしれない第三の批判は、次の二つの人生を比べるものです。片方の人生は生涯を通じてまずまずの幸福が続くとします。他方の人生もそれとそっくりですが、ただ一つの違いは、こちらの幼年期もそれなりに幸福ですが前者ほどではない、ということです。前者は平坦《へいたん》な一生である一方、後者はわずかに上り坂の一生ですから、上昇説の発想からは後者の方が高く評価される可能性があるはずです。しかしほとんど誰もそのように考えないでしょう。

あるいは次の例を考えてみて下さい。

〈上昇説論者の親心〉　塚本さんは生涯全体の幸福について加算説に反対して全体論、その中でも上昇説を信じているので、自分の息子に上り坂の一生をさせようと努めている。そのため彼女は息子に対して愛情は惜しまないが経済的支出は惜しんで、息子に質素な暮らしをさせる一方、その将来のための貯蓄を欠かさない。ある日塚本さんは息子が熱狂的なファンであるアーティストのコンサートの高価なプラチナチケットを友人からもらった。（その友人は急な用事がはいったため自分では行けなくなった。）しかし彼女はそのチケットを息子に使わせると彼が一時的に幸福になりすぎてしまい、その後しばらく上り坂の人生を歩めなくなることを恐れて、それを黙って捨てた。

あなたはこの塚本さんの行動に賛成するでしょうか？　大部分の人は、塚本さんはその息子にチケットを与えるべきだったと考えるでしょう。塚本さんがもしそうすれば、彼女の息子の幸福度の線は恒常的な上り坂でなくなり、一時的には下り坂になるでしょうが、それは彼の一生の幸福を減少させるものではない、というのが彼らの判断でしょう。ここから自然に出てくる結論は、「幸福の総和が同じ場合は上り坂の生涯の方がよいかもしれないが、たとえそうだとしても、坂が上りであることの価値は総和の減少を補えるほどのものではない」というものです。上り坂の価値はいわばタイブレーカー（tie breaker. 同順位のものにあえて順位をつけるための手続、あるいはそのファクター）でしかないようです。

右の例は上昇説へのかなり強力な反論であるように思われますが、上昇説論者はなおも次のように批判者に答えることができます。

「各時点の幸福の総和の差が上り坂の価値をしのぐことがあるということは、われわれも進んで認める。幸福の総和も重要だ。だが上り坂の価値は単なるタイブレーカーにすぎないのではない。あなたが上昇説批判のためにあげた例では、『上り坂の一生と平坦な一生の各時点における幸福度は、同一であるか、あるいは上り坂の一生の方が低い』ということが暗黙のうちに前提されている（図2のA）。それなら確かに上り坂の一生の方が幸福でないように見えるだろう。しかしこう想像してもらいたい。上り坂の一生の各時点の幸福の総和よりも下り坂の一生の幸福の総和の方が少しだけ大きく、ともに八〇年の生涯だとする。四〇歳までは下り坂の人の方が上り坂の人よりも幸福だが、その後の幸福度は逆転するとしよう（図2のB）。この場合、加算論者は下り坂の人の方が一層幸福な一生を送ったと評価するが、われわれは反対に、総和がわずかに小さくても上り坂の人の方が生涯全体としては幸福だと判断する。後者の判断におかしな点はない。」

この回答は前記の反論を回避できるようです。もし上り坂の一生が、下り坂の一生や平坦な一生と比較してどの時点をとっても幸福度が低いか同一だとしたら、それには魅力がありません。しかしある期間（人生の後半であることが多いでしょう）においては下り坂や平坦な一生よりも幸福度が高いならば、そのような上り坂の人生の方を選ぶ人がいてもおかしくありません——選ばない人もまた多いでしょうが。

図2

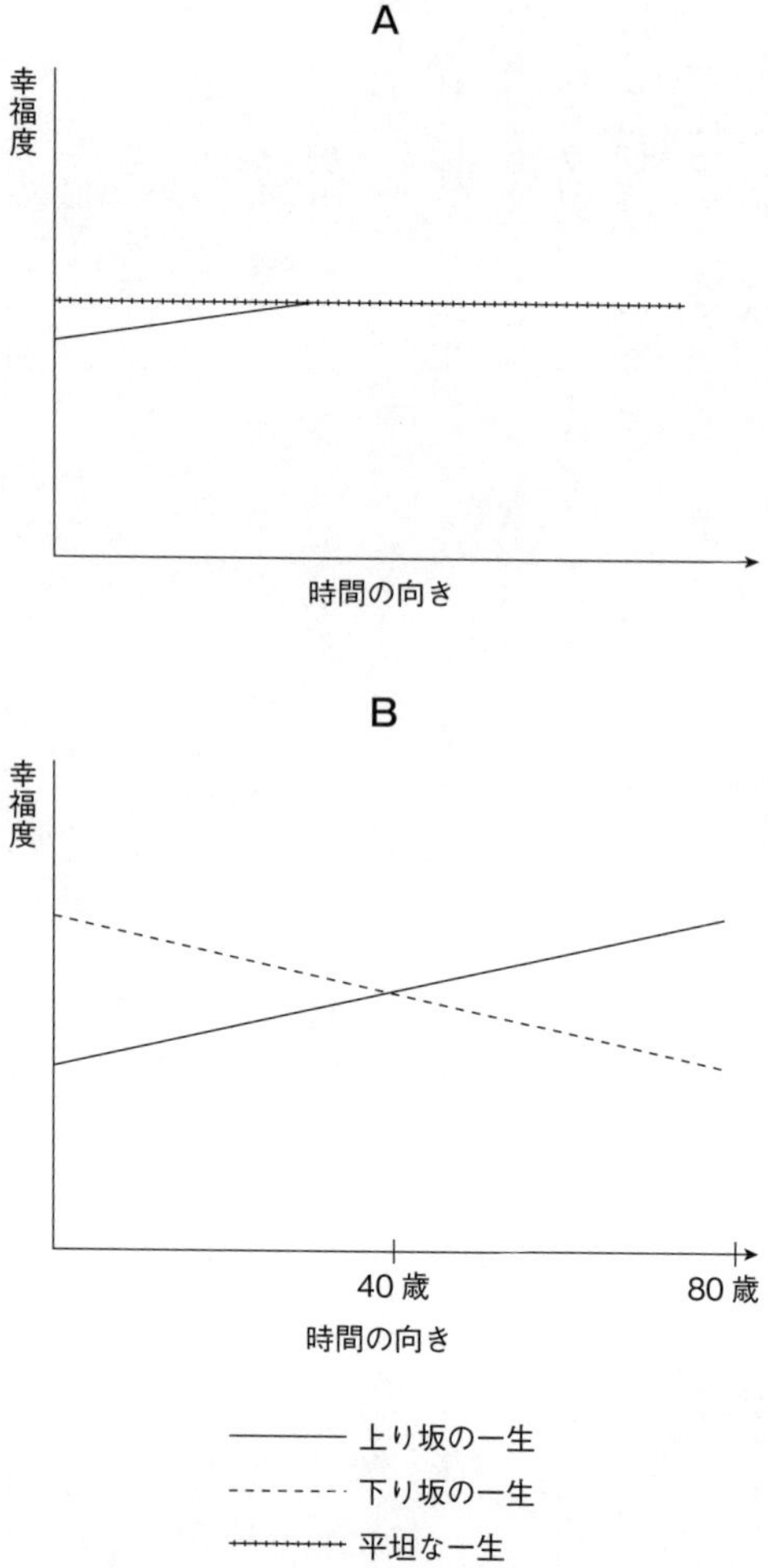

幸福の時間的分布に関する全体論は論駁《ろんばく》されていない

上昇説の最終的な評価に移りましょう。上昇説に対してはこれまで見たように、①「期待の喜びのために幸福の総量が増大することを、上り坂それ自体の価値と混同している」、②「上り坂の価値は幸福とはまた別種の美的な価値だ」、③「上り坂の価値は幸福の総和が等しい時のタイブレーカーになるにすぎない」という三種類の批判が考えられ、いずれにもある程度の説得力があります。しかしこれらの批判を免れるような上昇説のヴァージョンも考えることができました。

結局、（1）〈各時点の幸福の総和にとどまらない、一生全体としての幸福〉という観念を認め、そして（2）幸福度の時間的上昇という方向自体を積極的に評価するならば、上昇説をとることができます。そこで問題は、この二つの前提が満たされるか否かです。加算主義者は（1）自体をとりませんが、かりに（1）をとっても（2）をとらない人は多いでしょう。これらの点について万人を納得させられる立場はなさそうです。

上昇説に関するこの結論は、すでに紹介した、幸福の時間的分布に関する他の見解——時間的平等説、下限説、最期説など——にも、必要な個所を変えればあてはまります。たとえば時間的平等説なら、それに対しては、①「幸福の時間的に平等な分布のために〈何らかの仕方で）幸福の総量が増大することを、時間的平等自体の価値と混同している」、②「時間的平等の価値は幸福とはまた別の美的な価値だ」、③「平等の価値はタイブレーカーになるにすぎない」という批判が考えられ、またそれらの批判を免れるような時間的平等主義も可能でしょう。そして（1）〈一生全体としての幸福〉という全体論的観念を認め、（2）幸福度の時間的な等しさ自体を積極的に評価するならば、時間的平等説をとることができます。

これらの応用は読者の練習問題としておきますが、それらの説がすべて以上のような共通点を持っているからといって、そのどれもが同じ説得力を持っているわけではありませんから、個別的に評価しなければなりません。

一例をあげると、私はこれまで検討してきた上昇説にある程度の説得力を感ずる一方、しばしばそれと一緒に提唱されることがある最期説には賛成できません。〈生涯の最期を迎えて、これまで満足してきた一生がいかに浅薄なものだったか（あるいは逆に、これまで苦労ばかりだと思っていた一生がいかに豊かなものだったか）を実感する〉という物語や逸話はたくさんあります。（その中でも私の知っている最高のものはトルストイの「イヴァン・イリイチの死」です。まだ読んだことがない人には一読を勧めます。）しかしそのような自分の生涯の再評価が妥当なものだとしても、それが常に人生の最期になされるとは限りません。私がそれらの物語を読んだり見たり聞いたりした時にしばしば持つ感想は、「そんなことは死に際になるよりもずっと前から気づけただろうに」というものです。

それどころか、人は死に際には程度の差はあれ頭が混乱し身体の機能も正常でないことがよくありますから、人生の最期に臨んだ人の思考や幸福度から生涯全体を判断するのは適当と思えません。（従って私は「人のまさに死なんとする、その言や善し」という『論語』泰伯篇の有名な文句には賛成できません。）

物語的統一性

これまでは幸福の時間的な分布を見てきましたが、それと似た発想として、「生涯の中で得られる善が、何らかの意味で相互に結びついていることが重要だ」という発想もあるでしょう。次の例を考えてみましょう。

〈苦労への報いと棚《たな》からぼた餅《もち》〉 同い年の寺井さんと富山さんはともにリスクを恐れない起業家であり、同じ程度の努力と投資を行った。寺井さんの事業は多年にわたる失敗にもかかわらず最終的には大成功し、寺井さんは若くして事業を退いた後その利益によって悠々自適の生活を送っている。一方富山さんの事業は結局成功を見なかったが、たまたま拾った宝くじが一等に当せんしたため、予想もしなかった大金を手に入れた。おかげで富山さんも寺井さんと同程度に豊かな生活を送っている。

さらに寺井さんの事業の突然の成功と富山さんの宝くじ当せんは同じ時期に起きたため、この二人の各時点での幸福度は同じだとします。この場合、寺井さんの高い幸福度はそれまでの苦労と結びついていますが、富山さんの方は全くの偶然です。この二人を比較すると寺井さんの一生の方が一層幸福だと判断する人は多いでしょう。それどころか、寺井さんの生涯の各時期の幸福の総量が富山さんよりいくらか小さいとしても同じように判断する人もいるでしょう。

この判断は、人の生涯全体を起承転結のある物語的統一として評価する見方の一例ですが、他のタイプの物語的統一を求める人もいるでしょう。たとえば「生涯を通じて何物かを追い求める一生が価値ある一生だ。たとえその目標が達成されなくても、探究自体に価値があるのだ」とか、「人生の各時期――幼年期、青年期、壮年期、老年期――にそれぞれふさわしい生き方をする一生が望ましい」といった発想も有力です。いかなる種類の物語的統一性に価値があるかは、論者によって、あるいは文化によって意見が分かれます。

しかし物語的統一を重視する見解は、時間的な全体論に対して向けられた、「それは人生を内側からでなく外から美的に評価するような態度だ」という批判を一層受けやすい。なぜならこの説をとる人は、複数の善の間の意味的関係は本人が自分で信じているだけのものではなく、客観的な事実でなければならないと考えているからです。そしてそのような人生の物語的統一性という客観的価値が存在するという想定は、全体論をとる人々の間でも何がそのような統一性であるのかについて意見がまちまちであるという事実を考えると、説得力が薄れます。

人生の物語的統一性は第三者でない本人にとってどれだけ意味を持っているでしょうか？この問題に対して与える解答は人によって大きく異なります。たとえば「明日は明日の風が吹く」をモットーにその日その日を送っている人は物語的統一性にほとんど意味を見出《みいだ》さないでしょう。その見方によれば、宝くじで得た大金も事業の成功によって得られた大金も、金額が同じならばそれによって得られる幸福は同じなのです。これに対して、自分の一生はある目的を達成するためにあると信じているような人は、自分の収入の原因が幸福の程度に大差を及ぼすと考えそうです。読者のみなさんはどちらに賛成するでしょうか？

私はこの問題に解答を与えるつもりはありませんが、物語的統一性が経済学でいう「サンクコスト（sunk cost. 埋没費用）の錯誤」を説明する――それどころか正当化さえするかもしれない――ということを次に指摘しておきます。

サンクコストにも意味がある？

第1章でも引用した心理学者カーネマンは次の例をあげて「サンクコストの錯誤」という概念を説明しています。

ある会社があるプロジェクトにすでに五〇〇〇万ドル注ぎ込んでいるとしよう。このプロジェクトは計画通りに進んでおらず、最終的なリターンも当初予想されたほどには大きくないことがわかってきた。このプロジェクトを進行させるには、あと六〇〇〇万ドルの追加投資が必要である。しかしその一方で、その六〇〇〇万ドルを新規プロジェクトに投じるという案もある。こちらの方が予想リターンははるかに大きい。［『ファスト&スロー』邦訳下巻一六八ページ］

ここで、すでに支払われて取り戻せない五〇〇〇万ドルのサンクコストにとらわれて、行き詰まったプロジェクトにさらに金をつぎ込んでしまうのが「サンクコストの錯誤」です。（この現象は、商業的に失敗した超音速旅客機コンコルドのプロジェクトから「コンコルド効果」と呼ばれることもあります。）

カーネマンに言わせると、「サンクコストの錯誤のせいで、人々はだめな仕事や不幸な結婚や見通しの暗い研究になかなか見切りをつけられない。……幸いにも、少なくともある種の状況では呪縛を破れることがわかっている。経済学科や経営学科では、サンクコストの錯誤について説明し、それが誤りであることを教えている。これは、明らかに善い影響をもたらしているようだ」（同書一六九ページ）とのことです。

将棋や囲碁を指すときでも、コンピューターならば各局面ごとに最善と思われる手を指すのに、人間はたとえ最善とは思われなくても、自分のこれまでの指し手の「顔を立てる」ような手を指すことがありますが、もし一局の勝利が最高の目的ならば、そのような一貫性を求めることは不合理です。同じようにして、人が将来の人生の幸福だけを求めるなら、過去の行動にはこだわるべきでないということになりそうです――過去の回想が将来の期待と同様に現在の幸福を大きく左右するという事情を別にすれば。

それにもかかわらず実際の人間がサンクコストを重視するのは、人生の物語的統一性を求めるからでしょう。そのような人は、たとえこれまでのプロジェクトよりも代替策の方が自分の利益になるとはっきり理解していても、割り切って代替案に乗り換えることは過去の自分に対する裏切りだとか、生き方の一貫性を欠くことになるとか考えてそうしないのかもしれません。この立場からは、カーネマンの見解とは違って、サンクコストの重視はあながち不合理と言えないことになります。

ただし「個人にとっての幸福とは何か」という本論からは離れますが、ついでに指摘しておくと、物語的統一性の追求は個人の生き方では構わないとしても（カーネマンはそう考えないでしょう）、他の人たちを巻き込む領域では不適当なことが多いでしょう。それは最悪の場合、「これだけの犠牲を払ったのだから、今さらその尊い犠牲をむだにするわけにはいかない」という理由で負け戦を続けることにもなりかねません。

人生の「朝三暮四」——全体論に対する加算説の批判

これまでの検討は生涯の幸福に関する全体論を斥けるものではありませんが、それが抱えている諸問題を明らかにしました。さらに一般に全体論者は、人々が長期的・包括的な目的をもって自分の人生を統一体とみなす程度を誇張しているように思われます。

全体論者の想定と違い、現実に生きている人々の多くは、生涯を通じた人生計画などふつう立てません。かりにそんな計画を立てても、しばしばその計画は変わります。またいつも必ずその計画に従って行動しているわけでもありません。このような人々は長期的な目的の達成を生きがいに生きているのではなくて、短期的な喜びや満足感や欲求の実現を楽しみに生きています。

彼らの人生観によれば、人生の計画とか目的にこだわることは、先入見にとらわれた堅苦しい不自由な貧しい生き方です。彼らが求める幸福は、生涯を通じて追求される目標ではなく、日々の生活の中で享受されるものです。そして彼らが一生の中で実際にそれらの喜びをたくさん得られるならば、彼らの生涯は全体としても幸福だったと評価することに何の問題もないでしょう。それに対して全体論の態度はちょうど、餌《えさ》の果物を朝三つ夕方四つ与えられると怒り、朝四つ夕方三つ与えられたら喜んだという、中国の「朝三暮四」の故事に出てくる猿の態度と同じくらい不合理なものだということになります。

加算説の評価方法では、幸福とは第一次的には個々の時点の幸福のことであり、生涯の幸福はその各時点の幸福の集合として二次的にしか語れません。それはちょうど、ある国の国民の幸福度が諸個人の幸福度の集合あるいは平均としてしか語れないのと同様です。生涯を通じた全体的幸福の方が一層基本的な観念なのではありません――。以上の発想は加算説を支持します。

幸福の総計か平均か?

人生全体の幸福に関する加算説はさらに二つの見解に分けることができます。それは生涯の幸福度をその各時期の利益の総計によって決めるものと、各時期の利益の平均値によって決めるものです。前者を「総計説」、後者を「平均説」と呼ぶことにしましょう。両説は、比較される人生の長さが同じならば同じ評価に至りますが、それが以下の例のように異なる時は、違う結果に至ることがあります。

〈天寿を全うした平均人と佳人薄命〉 長岡さんはあらゆる点で平々凡々たる庶民の生活を送り、八〇年の生涯を終えた。誰一人として彼のことを特にうらやみもしなければ、憐《あわ》れみもしなかった。ところが彼と小学校で同級だった西野さんは、幼少期から恵まれた環境に育っただけでなく、学校卒業後は天賦の資質を活かして俳優となり、すぐさま世の注目を浴びて舞台や映画やテレビで活躍した。また化粧品のオリジナルブランドを設立して事業家としても成功した。彼女の生き方は多くの女性のあこがれの的になった。西野さんはその生き方に自分でも満足していた。西野さんは恋人や友人や仕事仲間との人間関係からも大きな喜びを得ていた。ところが彼女はこれから働き盛りになろうとする三〇歳で交通事故のため即死した。

長岡さんの生涯の平均的幸福度を50、西野さんのそれを100としてみましょう。(以下の幸福度の数字は議論の都合上の大まかな目安にすぎないので、あまり厳格にとらないでください。重要なのは絶対的な数値よりも、相対的な優劣です。)平均説によれば西野さんの方が長岡さんよりもはるかに幸福ですが、総計説をとって、その総計を〈各期間の幸福度×年数〉で表現すると(平均説の場合とは幸福評価の単位が違うことに注意して下さい)、西野さんは3000ですが長岡さんは4000ですから、長岡さんの方が幸福だったことになります。皆さんはどちらの判断に賛成するでしょうか?

さらに西野さんの例を変えて、まず西野さんが交通事故の結果一命は取りとめたものの、以後俳優生活を断念せざるをえなくなり、その後の五〇年をリハビリと療養に費やして八〇年の生涯を生きた、そして彼女の三〇歳から死亡時までの平均的な幸福度は52で、これはそれまでよりははるかに落ちるけれどもまずまず幸福な暮らしだった、と仮定します。この一生を送った西野さんを西野さんαと呼びます。次に西野さんがそもそも交通事故に遭わず八〇年間とても幸福な一生を生き、最期までの平均的幸福度は100だったとします。この西野さんを西野さんβと呼びます。

西野さんの一生のこの三つのシナリオごとの幸福度は、次のように算定されます。（これらの数字を出す計算は読者にお任せします。）

	平均説	総計説
長岡さん	50	4000
西野さん	100	3000
西野さんα	70	5600
西野さんβ	100	8000

ほとんどの人は、この中で一番幸福なのは西野さんβだと判断するでしょう。この判断は

総計説と合致します。平均説は生涯の長さ自体を問題にせず、生涯の各時期の幸福度だけを考慮に入れるため、「若死にした人は不幸である。死は本人にとっての害悪である」という常識的な判断と衝突しますが、総計説は死の害悪に関するこの常識と調和します。

しかし一方総計説によると、若死にした西野さんよりも、三〇歳以降極めて幸福だったわけではない西野さんaの方がはるかに幸福だ、ということになりますが、そう考えない人も多いでしょう。「短くても輝かしい生涯に平凡な余生がつけ加えられてしまったら、それはむしろ竜頭蛇尾《りゅうとうだび》の改悪だ」という判断は、わずか二四歳で自動車事故死した伝説的なスターにちなんで「ジェイムズ・ディーン効果」と呼ばれますが、この判断に賛同する人によれば、若くして栄光のうちに死んだ西野さんの方が幸福であり、西野さんaの長生きはかえって彼女の生涯全体としての幸福を減少させてしまうだけだ、ということになります。その立場からは総計説よりも平均説の方が採用されそうです。

エピクロスは「死を経験する人はもう存在していないのだから、死は害悪ではない」と主張しました。エピクロス以外にも、死（たとえ若死にであっても）は本人を不幸にするわけではないと主張する哲学者はいます。彼らの主張もまた平均説を支持するでしょう。

平均説と総計説のこの対立に直面すると、「生涯の幸福の平均値だけでもなく、総計だけでもなく、両方とも重要だ。必要なのは両者のバランスを取ることだ」と言いたくなる人が出てくるでしょう。実際私もその一人です。しかしその場合は、「平均値と総計にそれぞれどれだけのウェイトを与えて生涯全体の幸福度を最終的に評価すべきなのか？」という問題に何らかの答えを与えるべきでしょうが、それは簡単にはできません。またそもそも死と幸福の関係も難問です。早死にすることは本人にとって不幸なのか？　そうだとしたら、なぜ、またいつ不幸なのか？　これらの問題も考えねばなりません。

時間選好を真剣に考える――加算説のもう一つの形態

生涯全体の幸福については加算説的な見方と全体論的な見方があり、これまで見てきたように、そのいずれをとるべきかについて簡単に結論を出すことはできません。またどちらの説の中にも複数のヴァージョンがありました――加算説では総計説と平均説の二つだけですが、全体論では数え切れないほどに。

しかしこれまで検討してきた加算説も全体論も、ある暗黙の想定を行ってきました。それは「ある人の現在の幸福も遠い将来の幸福も、その人にとっては同じ程度に重要だ」というものです。たとえば快楽説を前提とすれば、私が今感じている快楽も今からちょうど一年後に感じる快楽も、私の幸福を同じ程度に増大させる、というのです。しかしこの想定には現実味があるでしょうか？

経済学が想定している合理的人間は、自己のこれからの生涯全体の（たいていの場合、加算的に理解された）利益を最大化しようとしています。生涯賃金や保険率などの計算もその想定の下でなされているようです。けれども現実の人間はそうではありません。人が将来獲得される財よりも現在入手できる同じだけの財の方を高く評価する、言いかえれば未来の利害を割り引いて評価する、という現象を「時間選好 time preference」と呼びますが、この現象は、「遠い未来になるほど予測は不確実だ（そもそも本人が死んでしまうかもしれない）」とか、「財を今消費しないで投資すれば利益を得られるだろうから、現在の同額の財の方が一層価値がある」といった、確率論的な考慮だけに基づくわけではありません。それは端的に、人が遠い将来の利害よりも現在の利害を重視しているからでもあります。

このような純粋な時間選好は不合理な「近視眼」だと言われることがありますが、私はそうとは限らないと思います。なぜなら遠い将来の私は、今の私の心理状態――記憶、感覚、欲求、信念など――の多くを失っているので、実践的な観点からは「部分的に他人」として評価することができるからです。このように考えると、私の各時点の幸福は、現在の私と心理的に密接に結びついている程度に比例して重要だということになります。

時間選好を持つ人は近い将来の幸福の方にウェイトを置くので、かりに今後の生涯の幸福の総量が同じならば、近い将来よりも遠い将来において一層幸福になる上り坂の人生よりも、現在に近い時期が一層幸福である下り坂の人生を選ぶでしょう。これは前に見た上昇説論者とは反対の選択です。しかしその選択は、この人たちが生涯全体の幸福について上昇説と対立する「下降説」とでも呼ぶべき全体論的見解をとっているからではありません。この人たちは生涯全体の幸福についてむしろ加算論的見解をとっていて、その加算の際に遠い未来の幸福が割り引かれるから、下り坂の将来を選ぶのです。

なおこのように時間選好を正面から取り入れると、ある人の「生涯全体の幸福」は時点ごとに異なってくることになります。たとえば同じ上り坂の一生全体の幸福は、その人の二〇歳の時にはあまり高く評価されないでしょうが、六〇歳の時にはかなり幸福だと評価されるでしょう。それは二〇歳の時には高齢期の幸福が大幅に割り引かれるのに対して、六〇歳の時には割引率が小さいからです。

このようにして時間選好の存在は、長期的な幸福度判断の問題を一層複雑にします。今述べたのは将来の幸福判断についてですが、同じようなことは現在までの生涯の幸福の評価についても言えるでしょう。強い時間選好を持つ人は、過去の生涯の幸福度を判断するにあたって、遠い過去よりも近い過去の幸福度に大きなウェイトを置くかもしれません。

本章のまとめ

幸福度判断の時間的単位は短い一時期とも一生全体とも考えられますが、人は自分の現在の一時的な幸福を向上させようとするだけでなく、時には生涯全体の幸福も向上させようとしていますから、どちらかの単位だけが妥当だと決める必要はなさそうです。

生涯全体の評価の仕方については加算説と全体論があり（そしてそれぞれが複数のヴァージョンを持ち）、どちらもそれなりの説得力を持っています。ただし一生の物語的統一性を重視することは、過去のサンクコストを無視せよという経済学の教えとは相いれません。最後に、人々が時間選好を持ち、しかもそれが正当化できるという事実は、長期的な幸福度判断がそのなされる時点ごとに異なるという帰結を生み出します。

発展問題

全体論のヴァージョンの中で、一生の中では幸福度の上り下りがあるよりも、恒常的で変わらない方がよいという時間的平等説の説得力を検討しましょう（一八九ページと一九七―八ページを参照）。それは個人間の関係についての平等主義とどのような相違がある（あるいはない）でしょうか？

最終章　あとがきに代えて

幸福論の三国志

ここまで五章を通じて「幸福とは何か？」という問題に答えるいくつかの理論を見てきました。各章の最後に簡潔なまとめを書いたのでその内容を繰り返すことはしませんが、この問題に関する諸理論の歴史を振り返ってみるとこういうことになります。――快楽説とそれに対する批判には古代ギリシア以来の長い歴史があるが、十九世紀の功利主義の隆盛に伴い快楽説が優勢になった。ところが二十世紀にはいってから経済学の影響を受けて新興勢力である欲求実現説が長い間支配的だったが、二十世紀の終わりからはこの説の問題点が次々に指摘され、客観的リスト説、そして昔からの快楽説も復興して、三つ巴《どもえ》の論争が続いている。さらに今世紀にはこの三つの説（の諸ヴァージョン）の複数のものを何らかの仕方で結びつけるハイブリッド理論や多元主義も登場したが、いまだに通説と言えるような理論はなく、議論の行方を見通すことは難しい――。

言うまでもないことですが、幸福の哲学はそれだけで完結した分野ではなく、哲学の他の分野や、さらに経済学や心理学や法学とも関連しています。幸福観は個人の生き方だけでなく、社会道徳と公共政策にとっても大きな意義を持ちます。本書ではこれらの問題にはほとんど触れられませんでしたが、それというのも、「幸福とは何か？」という問いがそれ自体として興味をそそるものであり、また多くの哲学的な論点を含んでいるからです。

思考実験なくして哲学なし

幸福とは何かを考えるにあたって、私は本書でさまざまの思考実験を利用してきましたが、その中には非現実的な例も少なくありませんでした。この方法は現代の哲学、特に分析哲学と呼ばれている著作の中ではごくありふれたものです。しかし世の中にはそれに反発する人も少なくありません。彼らは「そんな事態は実際には発生しない」とか「その例においては〈これこれしかじか〉と前提されているが、〈これこれしかじか〉だということが当事者にどうして確信できるのか？」などと言って、思考実験に向かい合おうとしません。思考実験は地に足のついた思考の敵だ、と彼らは信じているのでしょう。

たいていの場合、このような批判は的外れです。思考実験は現実に起きそうな事例の「予行演習」として意図されているのではありません。それは現実の状況を複雑化させ明快な回答を難しくしているさまざまの要素をあえて捨象することによって、われわれが持っている直観・信念を明確に意識させるために役立つ道具として提出されているのです。特に、広く受容されている見解を検討するためにはこの方法がしばしば欠かせません。この点でノージックの次の文章にはわが意を得たりと感じます。

［読者の見解と異なる見解を主張する場合には――引用者］受容されている見解に対して、反対の立論、前提の精査、支持者であってもその見解の帰結に安穏としていられなくなるような可能的状況領域の提示などによって、これを最大限の知的なテストと緊張にさらすことが必要となろう。［『アナーキー・国家・ユートピア』邦訳iiiページ］

思考実験をしない人は、自分の見解にとって都合が悪い判断と向き合おうとしないため思考が独善的になりがちです。

歴史を振り返っても、思考実験は哲学の進歩に大きく貢献してきました。すでにプラトンの初期から中期の対話編には多くの思考実験が見られますし、現代の倫理学は本書の第1章で紹介した〈経験機械〉や、本書では紹介しなかった〈トロリー問題〉（日本では「トロッコ問題」と呼ばれることも多い）とか〈ウィルト・チェンバレン問題〉といった思考実験に多くを負っています。これらの思考実験のおかげで、われわれは幸福や正義や自由について自分が持っていた信念を明確に自覚します。思考実験を使わなくても、それらのテーマについて考えることは不可能ではありませんが、はるかに困難です。

思考実験なしに哲学の問題を考えるのは、ちょうど火を使わずに料理をするようなものです。火を全く用いない料理もありますが、それだけでは食生活は貧しいものにならざるをえません。同じように「思考実験なくして哲学的思考なし」と言ってもひどい誇張ではないはずです。読者の皆さんもどんどん思考実験を利用して哲学的な考え方に親しんでみて下さい。

分類とレッテル貼《は》りについて

思考実験の多用に加えて、本書のもう一つの特徴は、幸福に関するさまざまの信念や考え方を「……説」とか「……主義」とか「……論」という名称をつけて分類したことです（付録のリストを参照）。その中にはすでにこの分野で広く用いられている「快楽説」「欲求実現説」「客観的リスト説」「卓越主義」「全体論」といった名前もありますが、私が便宜上名づけたものもあります。

哲学者の中にはこのような議論のしかたを好まない人も多い。そのような人々は、私が幸福に関する現実の諸見解の微妙なニュアンスを無視して強引な分類を押しつけていると感ずるかもしれません。しかし私の信ずるところでは、哲学のいかなるテーマであれ、さまざまの見解をいくつかの重要な問題に対する解答によって分類し整理することは、議論の明晰化《めいせき》に役立つので必要な作業です。それぞれの見解の検討や微妙なニュアンスの解明も重要ですが、それもまず分類と整理をした方がたやすく行えます。また個々の見解をよりよく理解するためにも、他の説との比較検討は有益です。これらの目的を果たすためには、少なくとも最初はいくらか単純化した分類と名称を利用するのが賢明な方法でしょう。

哲学研究者の中には特定の哲学者の思想にばかり没頭して（このことをしばしば「深く沈潜する」などと表現します）、その思考の枠組みに従ってその主張を何とかして擁護する――それどころか、金科玉条として振りまわす――方向でしか物事が考えられなくなり、他の思想に関心を示さなくなる人もいますが、これは私が勧めない研究態度です。こういった人が書いた哲学書は、宗教の勧誘のように、読者の視野を広めるよりもかえってせばめたり歪《ゆが》めたりしかねません。

本書で取り上げられなかった問題

　本書では人間にとっての幸福をもっぱら考察しましたが、人間以外の動物についても幸福と不幸は考えられます。またそれは実践的に重要な問題です。人道主義は感覚ある動物一般への配慮にまで拡張されなければならないのです。しかし本書は「動物の幸福・不幸」というテーマまでは取り上げられませんでした。また人間だけを取り上げても、幸福の哲学で通常念頭に置かれているのは青年・壮年・熟年の人たちですが、幼い子どもや老齢者については別種の考慮が必要ではないかという論点もあります。

　道徳全体の中で幸福がいかなる役割を果たすか、果たすべきかという問題群も多岐にわたり重要です。ほとんどいかなる道徳理論も、幸福の促進に意義を認めますが、さらに進んで、「道徳上考慮されるべきなのは幸福だけだ」と主張する論者もいます。このような思想は「福利主義 welfarism」と呼ばれており、最大多数の最大幸福を道徳的理想とする功利主義も福利主義の一種ですが、福利に還元できないような道徳的な価値や考慮もあるとする反対論も有力です。

　しかしそもそも、人はなぜ道徳に従うべきなのでしょうか？　英語圏では倫理学のこの根本的問題は「Why be moral?（なぜ道徳的であるべきか？）」と呼ばれていますが、別々の幸福観はこの問題に対して異なった回答と結びつきそうです。

幸福・ウェルビーイングの比較可能性も実践的に重要な難問です。ある人について複数の状態における幸福をどのようにして比較できるのか？　さらに複数の人々の幸福をそもそも比較することが可能なのか？　可能だとしたら、どのようにして、またどの程度まで比較できるのか？　またその比較は単に順序をつけるにとどまるものか、それとも数量化もできるのか？　これらの問題に一応の回答を与えなければ、幸福に関する考慮を実践的な問題で利用することは難しいでしょう。

最後に、幸福と不幸とは単純に対称的に語ることができるでしょうか？　私は本書の大部分においてそのように書いてきましたが（第4章のハイブリッド説批判の部分は例外）、この二つの観念を非対称的に理解して、「そもそも不幸とは幸福の欠如にすぎない」とか、その反対に「幸福とは不幸の欠如にすぎない」と主張する人もいます。また幸福と不幸の実践的な重要性は異なるかもしれません。同じ大きさならば幸福を増大させるよりも不幸を減少させる方が道徳的に重要だと考える人は少なくありません。たとえば、すでに幸福な人をますます幸福にするよりは、不幸な人の状態を少しでも改善させるべきだというのです。

これらの問題は本書が取り上げられなかったものの一部にすぎませんが、今あげたものだけでも、幸福という観念が哲学、特に倫理学の中でどれほど中心的な位置を占めているか理解できるでしょう。「幸福とは何か？」という問いは、倫理を考える際に避けることができない基本的な問題なのです。

＊　＊　＊

本書を企画した段階から、筑摩書房の担当者からたくさんの有益な助言をいただきました。また一橋大学の大学院生をはじめとする若い友人たちからは草稿の一部についてコメントをもらいました。これらの意見に接しなかったら、本書ははるかに読みにくいものになったことでしょう。この場を借りて深く感謝します。

二〇一八年　夏至の日

森村進

文献案内

ここでは幸福の哲学に関係する重要な文献をあげました。若い読者のため、大部分日本語で読める書物に限りましたが、最小限必要な英語の書物も含めました。なお本文における外国語文献からの引用は、邦訳があるものは大部分以下に名をあげた邦訳を利用しましたが、部分的に変更を加えたものがあります。

全般について

私が本書執筆にあたって最も参考にしたのは次の本です。

・Ben Bradley, *Well-Being*, Polity Press, 2015.

・Guy Fletcher, *The Philosophy of Well-Being: An Introduction*, Routledge, 2016.

・Guy Fletcher (ed.), *The Routledge Handbook of Philosophy of Well-Being*, Routledge, 2017.

・Hugh LaFollette (ed.), *The International Encyclopedia of Ethics* (9 vols.), Wiley-Blackwell, 2013.

最初の二冊は題名が示すようにウェルビーイングの哲学の新しい入門書であり、あとの二冊の中には本書で取り扱ったテーマの多くに関する有用な項目がたくさん収められています。これらの本は本書全体に関係するので、例外的な場合を除き以下ではとりたてて触れません。

序章でも書いたように、ウェルビーイングに関する快楽説・欲求実現説・客観的リスト説の三分法はもともと次の大著から来ています。

・デレク・パーフィット『理由と人格』（森村進訳、勁草書房、一九九八年）

幸福の哲学を本格的に扱った日本語文献（翻訳を含む）はまだ多くありません。書物としては次の三冊が本書の後で有益に読めるかもしれません。ただし最初のものはたくさんの重要な議論を含んでいますが理論的に高度で、哲学のかなりの予備知識がないと難しいでしょう。最後のものは功利主義のすぐれた入門書ですが、第三章「われわれは何を最大化すべきか」でウェルビーイングとは何かという問題を取り上げ、結論として経験的快楽説を支持しています。

・安藤馨『統治と功利』（勁草書房、二〇〇七年）

・青山拓央『幸福はなぜ哲学の問題になるのか』（太田出版、二〇一六年）

・カタルジナ・デ・ラザリ＝ラデク、ピーター・シンガー『功利主義とは何か』（森村進・森村たまき訳、岩波書店、二〇一八年）

本書で取り扱わなかった人生論的幸福論は多数出版されていますが、ここでは次の二冊だけをお勧めします。

・バートランド・ラッセル『幸福論』（複数の翻訳あり）

・幸田露伴『快楽論』（『露伴全集　第二十八巻』岩波書店、一九五四年）

古典的著作

私は本文の中でアリストテレスやカントやミルなど何人かの有名な哲学者の古典的著作にしばしば言及しました。それはこれらの書物が幸福・ウェルビーイングの哲学の諸問題を考えるにあたって、今でもとてもよい材料や発想を与えてくれるからです。

他の学問でも同じことでしょうが、哲学は決して徒手空拳《としゅくうけん》でできる活動ではありません。そしてこれは学問領域によって違いますが、概説書だけでなく古典や専門書をじっくり読むことは哲学の学習に欠かせません。哲学者の思索がそこに一番よく表われているからです。

とはいえ、いくら哲学史上有名な、あるいは重要な古典でも、自分が全然理解できない本や関心を持てない本を読むことには意味がありませんから、そのような本だということがわかったら、またの機会まで（もしそれがあるとして）放っておきましょう。さいわい本書であげた以下の哲学の古典の多くは文庫本で簡単に入手できます――その一部はとても難解ですが。

・プラトン『ゴルギアス』『国家』『ピレボス』（複数の翻訳あり）
・アリストテレス『ニコマコス倫理学』（複数の翻訳あり）
・『エピクロス――教説と手紙』（出隆・岩崎允胤訳、岩波文庫、一九五九年）
・アダム・スミス『道徳感情論』（複数の翻訳あり）
・イマヌエル・カント『道徳形而上学の基礎づけ』『実践理性批判』（複数の翻訳あり）
・ジェレミー・ベンサム『道徳および立法の諸原理序説』（山下重一による部分訳が『世界の名著　ベンサム　J・S・ミル』中央公論社、一九七九年に収録されている）
・ジョン・スチュアート・ミル『自由論』（早坂忠訳）『功利主義論』（伊原吉之助訳）（ともに前記の

『世界の名著　ベンサム　J・S・ミル』に収録)
・G・E・ムア『倫理学原理』(泉谷周三郎ほか訳、三和書籍、二〇一〇年)

第1章　快楽説

古典的な快楽主義は『エピクロス』収録の「メイノケウス宛の手紙」と「主要教説」に、また快楽についてのミルの見解は『功利主義』の第二章「功利主義とは何か」にそれぞれ述べられています。

「経験機械」の思考実験は
・ロバート・ノージック『アナーキー・国家・ユートピア』(嶋津格訳、木鐸社、一九八九年)
の中で提起されましたが、彼はその後
・ロバート・ノージック『生のなかの螺旋』(井上章子訳、青土社、一九九三年)第一〇章「幸福」の中でこのテーマにまた戻っています。

センからの引用は、最も入門的な
・アマルティア・セン『経済学と倫理学』(徳永澄憲ほか訳、ちくま学芸文庫、二〇一六年)
から取りましたが、センは他にもたくさんの著書で同じ趣旨のことを述べて、彼の潜在能力アプローチ(これについては本書第3章を見よ)を支持する根拠にしています。

近年盛んな「幸福の経済学」について最も参考になるのは次の本です。
・ブルーノ・フライ『幸福度をはかる経済学』(白石小百合訳、NTT出版、二〇一二年)

快楽の測定方法については

・ダニエル・カーネマン『ファスト&スロー』（村井章子訳、早川書房、二〇一二年）

から引用しましたが、その本の特に第五部「二つの自己」は本書全体に関係します。

第2章　欲求実現説

この説の日本語で読める最良の記述は次のものです。

・R・M・ヘア『道徳的に考えること』（内井惣七・山内友三郎監訳、勁草書房、一九九四年）特に第五―八章

私は現代の哲学への影響力の大きさゆえに、本文で

・ジョン・ロールズ『正義論 改訂版』（川本隆史ほか訳、紀伊國屋書店、二〇一〇年）

を欲求実現説の一例としてあげましたが、実際にはロールズの幸福・ウェルビーイング観は客観的リスト説に近いところもあります。

適応的選好形成については次の本が基本です。

・J・エルスター『酸っぱい葡萄』（玉手慎太郎訳、勁草書房、二〇一八年）

第3章　客観的リスト説

倫理学の世界では二十世紀終わりから、行為や制度の正しさに主たる関心を寄せるそれまでの支配的なアプローチに対して、人となり・性質を重視する「徳の倫理 virtue ethics」が有力に提唱さ

れるようになってきましたが、これは幸福論においてはしばしば客観的リスト説、特に卓越主義と結びつきます。「徳の倫理」の代表的古典は何と言ってもアリストテレスの『ニコマコス倫理学』ですが、本文で引用した

・フィリッパ・フット『人間にとって善とは何か　徳倫理学入門』（高橋久一郎監訳、筑摩書房、二〇一四年）

は現代の徳倫理学の日本語で読める代表的著作です。

「道徳の目的」などを含む倫理学の基本問題について経験主義的な立場から明快な論述を行っているのは次の本です。

・J・L・マッキー『倫理学』（加藤尚武監訳、晢《せっ》書房、一九九〇年）

第4章　折衷説

この章で取り上げた諸説についてはまだ文献が多くありません。最も参考になったのは、文献案内の最初にあげたフレッチャー『ウェルビーイングの哲学』第六章と『ハンドブック ウェルビーイングの哲学』の Woodard と Lin の論文です（いずれも邦訳なし）。

第5章　幸福と時間

この章の諸問題についても日本語で読める文献は多くありません。ここでもフレッチャーの『ウェルビーイングの哲学』第七章が有益でした。

私は本文で生涯全体の幸福に関する全体論者として
・James Griffin, *Well-Being* (Oxford University Press, 1988)
を引用しましたが、グリフィンはウェルビーイングに関する周到な議論の末、おおむね個別主義的な客観的リスト説を支持してもいます。

「一生のかたち」についてはノージックの『生のなかの螺旋』第一〇章とカーネマンの『ファスト&スロー』第五部を比較して読むとよいでしょう。

過去の回想と未来への期待がいかに大きく幸福度を変えるかについての説得的な記述は次の本にあります。
・タタルキェヴィチ『こう考えると生きることが嬉しくなる』（加藤諦三抄訳、三笠書房、一九九一年）
死は本人にとって害悪でないという古典的な議論はエピクロスの「メイノケウス宛の手紙」に見出されます。

本文最後の「時間選好」擁護論は、私がかつて次の本の中で行ったものに基づいています。
・森村進『権利と人格』（創文社、一九八九年）第一部第五章
［二〇二一年の追記］私の論文集『正義と自由と幸福と』（信山社、二〇二一年）には、私が最近幸福の問題について書いた文章がいくつか収録されています。

第4章

第5章

付録　幸福に関する諸説のリスト

（数字は初出のページ数）

第1章

- 快楽説　14
  - 感覚的快楽説　47
  - 態度的快楽説　50
  - 生活満足アプローチ（全体的生活満足説）　52

第2章

- 欲求実現説（欲求満足説；選好説）　14
  - 無制限欲求実現説　62
  - 顕示選好アプローチ　70
  - 知悉的欲求実現説　74
  - 合理的欲求実現説　77
  - 道徳的欲求実現説　78
  - 成功説　85
  - 経験的欲求実現説　87
  - 生存前提的欲求実現説　89

第3章

- 客観的リスト説　14
  - 卓越主義　115
    - エウダイモニア主義　116
  - 列挙的リスト説　115
    - 潜在能力アプローチ　126

- （種に基づく）普遍主義　116
- 個別主義　116

人名索引

ちくまプリマー新書

287
なぜと問うのはなぜだろう
吉田夏彦
ある／ないとはどういうことか？　人は死んだらどこへ行くのか——永遠の問いに自分の答えをみつけるための、哲学的思考法への誘い。伝説の名著、待望の復刊！

148
ニーチェはこう考えた
石川輝吉
熱くてグサリとくる言葉の人、ニーチェ。だが、もともとは、うじうじくよくよ悩むひ弱な青年だった。現実の「どうしようもなさ」と格闘するニーチェ像がいま甦る。

226
何のために「学ぶ」のか
——〈中学生からの大学講義〉1
外山滋比古
前田英樹
今福龍太
大事なのは知識じゃない。正解のない問いを、考え続けるための知恵である。変化の激しい時代を生きる若い人たちへ、学びの達人たちが語る、心に響くメッセージ。

227
考える方法
——〈中学生からの大学講義〉2
永井均
池内了
管啓次郎
世の中には、言葉で表現できないことや答えのない問題がたくさんある。簡単に結論に飛びつかないために、考える達人が物事を解きほぐすことの豊かさを伝える。

228
科学は未来をひらく
——〈中学生からの大学講義〉3
村上陽一郎
中村桂子
佐藤勝彦
宇宙はいつ始まったのか？　生き物はどうして生きているのか？　科学は長い間、多くの疑問に挑み続けている。第一線で活躍する著者たちが広くて深い世界に誘う。

ちくまプリマー新書

304
あなただけの人生をどう生きるか
——若い人たちに遺した言葉
渡辺和子
数々のベストセラーを世に贈った修道女にして、伝説の教育者。大学学長時代、入学・卒業式で学生たちに語った魂を揺さぶる言葉を精選した新篇名講演集。

048
ブッダ
——大人になる道
アルボムッレ・スマナサーラ
ブッダが唱えた原始仏教の言葉は、合理的でとってもクール。日常生活に役立つアドバイスが、たくさん詰まっています。今日から実践して、充実した毎日を生きよう。

077
ブッダの幸福論
アルボムッレ・スマナサーラ
私たちの生き方は正しいのだろうか？　ブッダが唱えた「九項目」を通じて、すべての人間が、自分の能力を活かしながら、幸せに生きることができる道を提案する。

028
「ビミョーな未来」をどう生きるか
藤原和博
「万人にとっての正解」がない時代になった。勉強は、仕事は、何のためにするのだろう。未来を豊かにイメージするために、今日から実践したい生き方の極意。

067
いのちはなぜ大切なのか
小澤竹俊
いのちはなぜ大切なの？——この問いにどう答える？子どもたちが自分や他人を傷つけないために、どんなケアが必要か？　ホスピス医による真の「いのちの授業」。

ちくまプリマー新書

072
新しい道徳
藤原和博
情報化し、多様化した現代社会には、道徳を感情的に押しつけることは不可能だ。バラバラに生きる個人を支えるために必要な「理性的な道徳観」を大胆に提案する！

273
人はなぜ物語を求めるのか
千野帽子
人は人生に起こる様々なことに意味付けし物語として認識することなしには生きられません。それはどうしてなのか？　その仕組みは何だろうか？

286
リアル人生ゲーム完全攻略本
架神恭介
至道流星
「人生はクソゲーだ！」しかし、本書のような攻略本があれば、話は別。各種職業の特色から、様々なイベントの対処法まで、全てを網羅した究極のマニュアル本！

X01
包帯クラブ
——The Bandage Club
天童荒太
傷ついた少年少女たちは、戦わないかたちで、自分たちの大切なものを守ることにした……。いまの社会をいきがたいと感じている若い人たちに語りかける長篇小説。

053
物語の役割
小川洋子
私たちは日々受け入れられない現実を、自分の心の形に合うように転換している。誰もが作り出し、必要としている物語を、言葉で表現していくことの喜びを伝える。

ちくまプリマー新書

080
「見えざる手」が経済を動かす
池上彰
市場経済は万能？　会社は誰のもの？　格差問題の解決策は？　経済に関するすべてのギモンに答えます！「見えざる手」で世の中が見えてくる。待望の超入門書。

094
景気ってなんだろう
岩田規久男
景気はなぜ良くなったり悪くなったりするのだろう？アメリカのサブプライムローン問題が、なぜ世界金融危機につながるのか？　景気変動の疑問をわかりやすく解説。

162
世界の教科書でよむ〈宗教〉
藤原聖子
宗教というとニュースはテロや事件のことばかり。子どもたちは学校で他人の宗教とどう付き合うよう教えられているのか、欧米・アジア9か国の教科書をみてみよう。

079
友だち幻想
――人と人の〈つながり〉を考える
菅野仁
「みんな仲良く」という理念、「私を丸ごと受け入れてくれる人がきっといる」という幻想の中に真の親しさは得られない。人間関係を根本から見直す、実用的社会学の本。

134
教育幻想
――クールティーチャー宣言
菅野仁
学校は「立派な人」ではなく「社会に適応できる人」を育てる場。理想も現実もこと教育となると極端に考えがち。問題を「分けて」考え、「よりマシな」道筋を探る。

ちくまプリマー新書308

幸福《こうふく》とは何《なに》か　思考実験《しこうじっけん》で学《まな》ぶ倫理学入門《りんりがくにゅうもん》

二〇一八年九月　十　日　初版第一刷発行
二〇二一年六月二十日　初版第二刷発行

著者　森村進（もりむら・すすむ）

装幀　クラフト・エヴィング商會

発行者　喜入冬子

発行所　株式会社筑摩書房
東京都台東区蔵前二‐五‐三　〒一一一‐八七五五
電話番号　〇三‐五六八七‐二六〇一（代表）

印刷・製本　中央精版印刷株式会社

ISBN978-4-480-68329-8 C0212 Printed in Japan